나비 먹는 코뿔소 뿌야

나비 먹는 코뿔소 뿌야

초판 1쇄 인쇄일 2022년 10월 26일
초판 1쇄 발행일 2022년 11월 04일

지은이 성경옥
발행처 (재)당진문화재단
주   소 충남 당진시 무수동2길 25-21
전   화 041.350.2932
팩   스 041.354.6605
홈페이지 www.dangjinart.kr

펴낸이 양옥매
디자인 표지혜 박예은
교   정 조준경

펴낸곳 도서출판 책과나무
출판등록 제2012-000376
주소 서울특별시 마포구 방울내로 79 이노빌딩 302호
대표전화 02.372.1537   **팩스** 02.372.1538
이메일 booknamu2007@naver.com
홈페이지 www.booknamu.com
ISBN 979-11-6752-204-7 (03810)

* 저작권법에 의해 보호를 받는 저작물이므로 저자와 출판사의 동의 없이
  내용의 일부를 인용하거나 발췌하는 것을 금합니다.
* 파손된 책은 구입처에서 교환해 드립니다.

2022 당진 신진 문학인 선정작품집

나비 먹는 코뿔소 뿌야

성경옥 · 지음

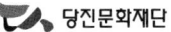
당진문화재단

작가의 말

시골에서 자란 저는 심심하면 주변 사물을 관찰하는 버릇이 있었습니다. 어릴 적 달팽이를 보면 느릿느릿 집을 이고 가는 모습이 신기해 한참을 들여다보곤 했습니다. 너무 느려서 '언제 자기 집을 찾아갈까?' 의문이 들었지만, 어느새 달팽이는 눈앞에서 사라져 보이지 않았습니다. 달팽이는 어디로 갔을까요?

그러다 심심하면 다시 들어와 책을 읽곤 했습니다. 책 속에서 보여 주는 세상은 아주 신기했고 또 질문하게 했습니다. '이다음 이야기는 뭘까?' 충분히 심심한 어린 시절을 보냈기에 질문하고 상상하며 성장했던 것 같습니다. 그러다가 글을 쓰는 작가가 되었습니다.

아이들은 늘 궁금해합니다. 그리고 질문합니다. 다섯 편의 동화는 모두 호기심을 갖고 질문하며 성장하는 주인공들의 모습을 그려 내고자 하였습니다. 호기심은 때로는 위험을 동반하기도 하지만 다른 세계로 나가기 위한 에너지라고 생각합니다.

주인공들이 지닌 엄청난 에너지를 보면 경이롭기까지 합니다. 호기심은 질문을 하게 되고 질문은 생각으로 연결됩니다. 그리고 행동하게 됩니다. 행동은 여러 가지 사건을 일으킵니다. 그리고 이 경험을 통하여 성찰하고 성장하게 됩니다.

쉽게 쓰는 글, 잘 읽히는 글, 여러 번 읽어도 감동을 주는 글을 쓰고 싶습니다. 동화를 쓰는 일은 멋진 일이라 자부합니다. 이 멋진 일을 오랫동안 하고 싶습니다. 독자 여러분들에게 멋진 에너지를 같이 나누고 성장했으면 합니다.

책이 나오기까지 도움을 주신 당진문화예술학교 관계자분들, 도서출판 책과나무 관계자분들께 감사의 말씀 전합니다. 삶의 다채로움을 항상 함께하는 하나님과 가족들에게 사랑한다는 말을 전합니다.

2022년 11월

성경옥

CONTENTS

무지개 달팽이 • 9

책에 갇힌 아이 • 27

자음을 찾아 도깨비 나라로 • 41

나비 먹는 코뿔소 뿌야 • 75

또요나숲 • 127

"엄마! 보고 싶어. 엄마!"

꼬마 달팽이 팡팡이 울기 시작했습니다. 아빠 달팽이가 팡팡이를 힘겹게 달래 보았습니다. 팡팡이가 엉엉 울었지만, 엄마는 오지 않았습니다.

팡팡이 엄마는 무지개 등 껍데기를 달고 있었다고 합니다. 달팽이는 명암을 구분할 수 있어도 색깔을 볼 수 없어서 달팽이들이 무지개 색깔을 본 적은 없었습니다. 다들 상상만 할 뿐이었습니다.

빨강, 주황, 노랑, 초록, 파랑, 남색, 보라… 이 세상에서 가장 아름다운 색깔을 띤 무지개다리를 건너 다른 곳으로 떠난다고 했습니다. 무지개다리는 달팽이가 평생 모아 온 색깔들로 만들어지는데, 한 가지 색깔이라도 없으면 그곳을 갈 수 없다고 했습니다.

먼저 떠나간 사랑하는 달팽이를 만나려면 살아 있는 동안 열심히 무지개 색깔을 모으는 수밖에 없다고 했습니다. 하지만 색깔을 본 적이 없는 어린 달팽이들에게 그것은 좀 신비하기도 했고 살짝 두려운 일이기도 했습니다.

아빠 달팽이가 팡팡이를 불렀습니다.

"팡팡아, 이 마을에 오래 머물 수가 없단다. 새끼 달팽이들이 너무 많아. 이 마을에서 모두 기를 수는 없단다. 약한 달팽이들은 잡아먹히거나 마을에서 쫓겨날 거야. 그러기 전에 우선 네가 먼저 이 마을을 떠나야 한다. 엄마가 너를 이곳에 맡겨 두고 떠났지만, 이제 아빠가 너를 보호해 줄 수가 없을 것 같다. 엄마를 찾아가 보렴."

"아빠랑 헤어지기 싫어."

팡팡이 뿔처럼 달린 더듬이에 있는 두 눈을 들어 아빠를 쳐다보았습니다. 아빠의 더듬이에 달린 눈에서 눈물이 뚝뚝 떨어졌습니다.

"팡팡아, 네가 먹는 것에 따라 대변의 색상이 달라지고 점액질의 색상이 달라질 거야. 부디 무지개 색깔을 찾아 점액질의 색깔이 바뀌면 무지개 길을 만들 수도 있을 거야. 그 무지개다리를 건너가면 엄마를 만날 수 있을 거야. 아빠 말 명심해. 알았지? 네가 보고 먹는 것에 따라 색깔이 달라진다는 걸. 이제 아빠는 동생들을 보살펴야 해."

"아빠, 나는 아직 등에 껍질도 단단하지 않아."

"이제 곧 단단해질 거야. 지금 출발해도 멀리 갈 수 없어. 어서 서둘러 떠나렴."

팡팡이가 부지런히 움직여 길을 떠났습니다. 햇볕이 뜨거운 낮에는 나무 그늘에 숨어 있거나 흙 속으로 파고 들어갔습니다. 팡팡이는 아주 느릿느릿 마을을 떠나갔습니다. 길을 가다 보니 처음에는 아빠랑 두고 온 마을 생각이 났지만, 숲에는 재미있는 것도 많았습니다. 볼거리가 많아서 이것저것 구경하다 보니, 어떤 날은 마을 생각이 나지 않기도 했습니다.

등이 빨간 무당벌레가 팡팡이를 발견하였습니다.

"넌 정말 느리구나. 아침부터 내가 지켜보았는데 저녁이 다 되도록 나무숲을 아직도 벗어나지 못하고 있으니 말이야. 네가 죽을 때까지 기어가도 이 숲을 벗어나지 못할 것 같은데."

"넌 누구야?"

팡팡이가 눈을 들어 빨간 무당벌레를 쳐다보았습니다.

"난 빨간 무당벌레지."

"다시 한번 말해 볼래? 빨강이라고 했지?"

"그래, 아주 아주 빨간 무당벌레야. 등에는 검은색 점이 있어."

빨간 무당벌레가 뽐내며 말했습니다. 팡팡이는 냄새를 맡으며 조심히 다가갔습니다. 정말 빨간색이 보고 싶었습니다. 하지만 팡팡이는 빨간색이 보이지 않았습니다. 달팽이는 색깔을 볼 수가 없었거든요.

"무당벌레야, 어떻게 하면 빨간색을 만들 수 있어? 나는 무지개 색깔을 만들어야 해."

"그야 간단하지. 빨간 것만 먹으면 된단다."

빨간 무당벌레는 문득 새끼 달팽이를 놀려 주고 싶은 마음이 들었습니다.

"어떻게 하면 빨간 것만 먹을 수 있어?"

"나를 따라와. 그러면 빨간 것만 먹을 수 있게 해 줄게."

팡팡이는 빨간 무당벌레를 따라갔습니다. 너무 느리게 오자, 빨간 무당벌레가 팡팡이를 등에 태우고 날아갔습니다. 그곳은 정말 빨간 사과가 익은 사과밭이었어요. 온통 빨간색뿐이었어요.

"이 사과를 다 먹으면 너에겐 빨간색 점액질이 나올 거야. 그리고 네 몸도 빨간색이 될 거야."

빨간 무당벌레가 이런 말을 남기고 떠나갔습니다. 팡팡이는 빨간 사과에 앉아 열심히 사과를 먹었습니다. 며칠을 사과만 먹었지만, 달팽이 등이 금방 빨간색이 되지는 않았습니다. 그때였습니다.

"엄마, 이 달팽이 좀 봐요!"

누군가 팡팡이를 손가락으로 집어 눈으로 가지고 갔습니다. 팡팡이를 잡은 손에 힘이 가해지자 등껍질이 너무 아팠지만 팡팡이는 숨을 죽였습니다.

"와! 달팽이네. 특이하게 달팽이 껍데기가 붉은색을 띠고 있네. 우리 집에 가서 키워 보자."

팡팡이가 깜짝 놀랐습니다.

'와! 내 껍데기가 드디어 붉은색이 되나 봐. 이제 붉은색을 찾았어.'

그날부터 팡팡이는 사람의 집에서 반려동물이 되었습니다. 엄마와 아이는 팡팡이를 너무나 사랑해서 매일 집을 청소해 주었습니다. 그리고 팡팡이가 더욱 빨간색을 띠도록 빨간 채소와 과일만 주었습니다.

팡팡이는 그렇게 매일 빨간색만 먹었습니다. 팡팡이의 점액질도 빨간색으로 변했습니다. 팡팡이가 지나가면 온통 빨간색 길이 나기 시작했습니다. 이웃에 있는 사람들이 찾아오기 시작했습니다.

"와! 정말 신기하다. 이 달팽이 껍데기는 붉은색을 띠고 있네."

"정말 신기하네요. 우리 집 달팽이는 빨간색을 먹여도 그대로인데. 정말 신기하네요."

"가격도 상당하겠네요. 희귀종이라 비쌀 텐데. 잘 보호해 줘요. 누가 가져가면 어떻게 해요."

팡팡이는 사람들이 와서 구경하자 점점 지쳐 갔어요. 빨리 다른 색깔도 찾아야 할 텐데 유리관이 답답하게 느껴졌습니다. 숲도 그리워졌습니다. 팡팡이는 점점 힘이 없어지고 입맛을 잃어 가기 시작했습니다.

엄마가 아이에게 말했습니다.

"우리가 이 달팽이를 너무 사랑해서 빨간색만 먹였더니 영양소가 부족한가 봐."

하지만 팡팡이는 다른 채소도 먹지 않았습니다.

이윽고 밤이 되었습니다. 그때 유리관 문을 톡톡 두드리는 소리가 났습니다. 숲에서 만난 무당벌레였습니다.

"안녕. 나를 기억하겠니? 소문을 듣고 혹시나 했는데 바로 너였구나. 내 말대로 빨간색만 먹었구나. 근데 몸에 왜 그렇게 힘이 없어?"

팡팡이가 말했습니다.

"나를 다시 숲으로 데려가 줘. 숨이 안 쉬어져."

"너는 색깔을 갖고 싶다고 했잖아? 네 몸은 아주 빨개."

"나는 무지개 색깔을 갖고 싶은데 여기 있으면 다른 색깔을 찾을 수가 없어. 사람들이 너무 많이 와서 쳐다보고 만져 봐서 힘들어. 나는 너무 지쳤어."

"그래, 알았어. 그럼 내가 다시 너를 숲에 데려가 줄게."

무당벌레가 다시 팡팡이를 숲에 데려다주었습니다. 팡팡이가 나무 이끼에 몸을 비비고 천천히 무당벌레를 쳐다보았습니다.

"빨간색 길을 찾았으니 다른 색을 만드는 방법도 알려 줘. 나는 색깔을 볼 수가 없으니 네가 좀 알려 줘."

"그럼 노란색 나비를 따라가 봐."

"어떤 나비인데?"

"바로 저 나비야!"

팡팡이가 노란 나비를 따라 기어가기 시작했습니다. 빨간색 점액질이 나와 기어갈 때마다 빨간색 길이 만들어졌습니다. 노란 나비를 따라가기는 힘들었습니다.

밤이 되자 쓸쓸함과 외로움이 밀려왔습니다. 두고 온 아빠 달팽이가 보고 싶기도 했고, 유리관 안의 온기도 그리웠습니다. 그때였습니다. 노란 나비가 팡팡이 등 껍데기에 앉았습니다.

"어? 너는 낮에 보았던 노란 나비이구나."

"안녕? 느림보 달팽이야. 내가 본 느림보 중 하나구나. 거북이랑 나무늘보보다 네가 훨씬 느린 것 같아."

"맞아. 나는 느림보 달팽이야. 팡팡이라고 해."

"안녕? 나는 달콤이야. 왜 나를 따라온 거야?"

"나는 노란색이 필요해. 무지개다리를 건너야 엄마를 만날 수 있어."

"무지개다리? 너는 색깔을 볼 수 없잖아."

"아빠가 그러는데 색깔을 볼 수는 없지만 색깔을 만들 수는 있다고 했어. 무지개 색깔을 만들면 엄마를 만날 수 있다고 했어."

"그럼 우리가 있는 곳으로 올래? 노란 나비들이 모여 사는 곳이야."

노란 나비가 팡팡이를 데리고 노란 나비들이 모여 사는 곳에 갔습니다. 꽃들의 향기가 너무나 달콤했어요. 주변 풀잎들의 향기도 그윽했습니다. 팡팡이는 기분이 좋아져서 힘이 다시 생겼습니다. 노란 나비들이 모여들어 팡팡이를 쳐다보았습니다.

"어? 우리랑 색깔이 다르잖아. 뭐야?"

"맞아. 우리랑 색깔이 다르잖아. 빨간색 달팽이네. 기분 나쁘게."

노란 나비 달콤이가 다른 나비들의 눈치를 살폈습니다.

"우리랑 있으면 노란 달팽이가 될 수 있을까 싶어서 데려온 거야."

"일주일 안에 노란 달팽이가 되지 않으면 갖다 버려!"

노란 나비들은 팡팡이를 쳐다보지도 않고 날아가 버렸습니다. 참으로 이상한 일이었습니다. 빨간색이 독특하다고 사랑받았는데, 여기에서는 빨간색이 독특하다고 다들 싫어했으니 말이죠. 다음 날도 그다음 날도 노란색 나비들은 팡팡이 주변을 날아다니며 놀렸습니다.

"느림보. 세상 느린 느림보.

거북이, 나무늘보보다 더 느린 달팽이.

더듬이도 두 개, 뇌세포도 두 개.

배가 고픈지 안 고픈지

바보라서 그것밖에 모르지요."

팡팡이는 느리게 느리게 기어서 바위 안으로 숨었습니다.

'뇌세포가 두 개라니? 달팽이의 뇌세포는 2만 개라고 아빠가 말했는데….'

슬픔이 몰려왔습니다. 팡팡이는 바위 안에 들어가 훌쩍훌쩍 울었습니다. 빨간색을 덜 먹어서인지 등 껍데기에 빨간색은 자꾸 빠져나가 가장자리에만 붉은 선으로 남아 있었습니다.

그때 노란 나비 달콤이가 몰래 다가왔어요.

"미안해. 난 친구들이 너를 좋아할 줄 알았어. 놀림감이 될 줄은 몰랐는데…. 어서 네가 노란색이 되었으면 좋겠다. 여기 있는 것들의 냄새를 맡아 봐. 이 냄새가 나는 것은 전부 노란색이야."

노란 나비 달콤이가 바나나, 은행잎, 노란 호박, 고구마 등을 가지고 왔습니다. 팡팡이는 열심히 냄새를 맡았습니다. 그리고 밤새 이것들을 먹었습니다. 그러자 팡팡이의 몸에서 노란색 점액질이 나오기 시작했습니다. 팡팡이가 움직일 때마다 노란색 길이 만들어지기 시작했습니다.

다음 날 아침, 다시 노란 나비들이 몰려들었습니다.

"느림보. 세상 느린 느림보.

거북이, 나무늘보보다 더 느린 달팽이.

더듬이도 두 개 뇌세포도 두 개.

배가 고픈지 안 고픈지

바보라서 그것밖에 모르지요."

노란색을 닮으려고 흉내 내었지만 노란 나비들은 달팽이를 여전히 놀렸습니다. 노란 나비 달콤이가 한숨을 쉬며 말했습니다.

"나비들은 정말 여러 가지 색깔이 많아. 노란 나비, 하얀 나비, 호랑나비, 파란 나비, 범나비 색깔이 얼마나 화려한지 몰라. 그런데 여기 있는 나비들은 다른 나비들을 받아들이지 못해서 여기 모여 사는 거야. 너에게 도움이 될까 해서 데리고 왔는데 아닌가 봐."

그날 밤 달팽이 팡팡이는 용기를 내어 노란 나비 마을을 떠나기로 했습니다. 천천히 느리게 느리게 기어서 노란 나비 마을을 떠나갔습니다. 아침 해가 서서히 떠오를 무렵, 노란 나비 달콤이가 날아왔습니다.

"네가 용기를 내었구나. 그런데 네 등 껍데기에 조금은 노란색이 있는 것 같아."

"그래도 나는 여기를 떠나고 싶어. 내가 노력하면 노란 등 껍데기를 가지게 되겠지. 하지만 여기 있으면 다른 색 달팽이를 놀려야 되잖아."

"내가 동물원에 데려다줄까? 거기에 오색 달팽이가 있다고 들었어. 앵무새나 공작새처럼 아주 화려한 색깔을 가지고 있대. 오색 달팽이를 만나면 네가 되고 싶은 무지개 달팽이가 될 수도 있을 거야."

노란 나비 달콤이가 팡팡이를 동물원에 데려다주고 날아

갔습니다.

"안녕, 팡팡아."

노란 나비 달콤이가 멀리멀리 날아갔습니다.

동물원에서는 동물들과 사람들의 냄새가 났습니다. 앵무새나 공작새가 있는 곳으로 가고 싶었지만 좀 위험하기도 했습니다. 누군가의 도움이 필요했습니다. 달팽이 팡팡이는 사육사들이 주는 먹이 속에 숨어 있기로 했습니다. 당근 뒤로 팡팡이가 몸을 숨겼습니다. 사육사에게 앵무새가 말했습니다.

"안녕. 나는 앵무새야!"

"안녕. 나는 사육사야!"

사육사는 앵무새의 멋진 깃털을 보며 감탄했습니다.

"어쩜 이렇게 멋있는 색깔을 가지고 태어났을까? 공작새보다 아름답구나."

"나는 공작새보다 아름답지."

앵무새가 따라 말했습니다.

"공작새 꼬리 깃털도 아름답지만 너는 정말 멋진 색깔을 가졌어."

사육사는 문득 동물원에 멋진 색깔을 가진 동물들을 보여 주는 관람회가 있으면 좋겠다고 생각했습니다.

"그래, 색깔이 아름다운 동물 관람회를 열자."

당근 뒤에 있던 팡팡이는 가슴이 콩닥콩닥 뛰었습니다. 동물원에 있는 아름다운 동물 관람회를 가 볼 수만 있다면 오색 달팽이를 만날 수 있을 것 같았거든요. 그날 밤 팡팡이는 밤새 기어가 앵무새 깃털 속으로 숨었습니다. 팡팡이의 등 껍데기에 있는 빨간색과 노란색이 깃털과 색깔이 비슷해서 잘 구별이 되지 않았습니다.

색깔이 아름다운 동물 관람회를 보기 위해 많은 사람이 모였습니다. 동물원에 있는 색깔이 아름다운 동물들이 다 모였습니다. 코가 빨간 개코원숭이는 멋지기는 했지만 사납기도 했습니다. 공작새는 눈이 108개나 되고 180미터가 넘는 꼬리 깃털을 흔들며 우아하게 등장했습니다.

앵무새도 화려한 날개를 뽐내며 노래도 했습니다. 팡팡이는 꼭 붙어 떨어지지 않으려 안간힘을 다했습니다. 뱀도 있었습니다. 물고기와 곤충도 아름다운 색깔을 가지고 있었지만, 동물들도 다양한 색깔을 가지고 있었습니다.

그때였습니다. 한쪽 유리관에 아름다운 오색 달팽이들이 있는 것을 보고 앵무새가 말했습니다.

"오색 달팽이, 오색 달팽이, 먹어 버릴 거야."

사람들이 웃었습니다.

"오색 달팽이, 오색 달팽이, 먹어 버릴 거야."

팡팡이는 조심스럽게 기어서 오색 달팽이를 향해 조금씩 조금씩 기어갔습니다.

사람들이 팡팡이를 발견하고 소리쳤습니다.

"사육사님, 여기 달팽이가 떨어져 있어요. 오색 달팽이 새끼인가 봐요. 등 껍데기에 색깔이 있어요."

사육사가 팡팡이를 조심스럽게 집어 들어서 오색 달팽이들이 모여 있는 유리관에 넣어 주었습니다. 드디어 오색 달팽이를 만나게 되었으니 엄마 소식을 들을 수 있을지 모릅니다.

"안녕! 너는 처음 보는 달팽이구나. 냄새가 달라."

"안녕하세요? 저는 팡팡이에요."

"여기는 왜 왔어?"

"저는 오색 달팽이, 아니 무지개 달팽이가 되고 싶어요."

"무지개 달팽이?"

"네. 엄마가 무지개다리를 건너 떠나갔어요. 무지개 달팽이가 되면 엄마를 만날 수 있다고 했어요."

"누가 그랬는데?"

"아빠가 그랬어요."

오색 달팽이들이 웅성웅성 떠들기 시작했어요.

"네가 무지개 달팽이 새끼구나. 무지개 달팽이는 여기 없어."

"우리 엄마가 무지개 달팽이인가요?"

"우리는 오색 달팽이야. 무지개 달팽이는 오색 달팽이보다 더 화려하고 아름다운 달팽이 중의 달팽이지."

"엄마는 어디에 가면 만날 수 있나요? 제 등에도 색깔이 생기기 시작했어요."

"우리는 색깔을 볼 수 없어서 알 수 없지만 네가 여기 온 것을 보면 너도 색깔이 있는 거겠지."

"무지개 달팽이는 여기를 떠났어. 아주 오래전에."

오색 달팽이들이 들려준 이야기에 의하면, 엄마 달팽이는 아주 오래전에 여기를 떠났다고 했습니다. 너무 아름다운 색깔 때문에 사람들이 연구를 위해 데리고 갔다고 했습니다.

"엄마 무지개 달팽이는 네가 다른 달팽이들처럼 숲에서 자유롭고 평화롭게 살기를 원했어. 그래서 숲에 너를 숨겨 두었던 거야. 그런데 여기까지 찾아오다니."

오색 달팽이가 말했습니다.

"아마 조금 더 있으면 너는 점점 무지개 달팽이가 되겠지. 그러고 나면 너도 연구실로 가게 될 거야. 거기서 무지개 달팽이를 만날 수 있겠지. 하지만 무지개 달팽이는 그걸 원하지 않을 거야.

어서 무지개 색깔이 되기 전에 여기를 떠나 숲으로 돌아가렴."

팡팡이는 아무 말도 할 수가 없었습니다. 엄마 달팽이도 보고 싶었거든요. 그토록 무지개 달팽이가 되려고 노력했었는데, 참 알 수가 없었습니다.

"나는 힘도 없고 느림보인데 어떻게 숲에 가서 혼자 살 수 있어요?"

팡팡이가 말했습니다.

"우리에게는 칼날 위도 기어갈 수 있는 유연함이 있단다. 너는 약하지 않아. 아름다워지려고 색깔만을 얻으려고 노력하지 마. 숲으로 돌아가렴. 무지개 달팽이도 네가 숲에서 자유롭게 살기를 원할 거야. 색깔은 숲에서 너를 보호하고 살아가기 위해 있는 것이지, 누군가에게 잘 보이려고 있는 게 아니야. 네 엄마도 그걸 알았던 거야."

팡팡이가 다시 느리게 기어가기 시작했습니다. 등 껍데기에는 벌써 여러 가지 색깔이 알록달록했습니다. 하지만 달팽이들에게는 보이지 않았습니다. 다른 동물들은 팡팡이의 무지개 등 껍데기를 보며 감탄했습니다. 하지만 독이 있다고 생각하여 잡아먹지도 않았습니다.

팡팡이는 느리지만 자유롭게 숲을 거닐며 무지개 길을 만들었습니다. 숲속의 동물들은 보았지만, 팡팡이는 무지개 길을 볼 수 없었습니다. 그리고 더 이상 무지개를 만들려고 노력하지도 않았습니다. 달팽이는 평생 색깔을 볼 수 없으니까요. 볼 수 없는 것으로 더 이상 치장하려고 하지 않았습니다.

 그래도 달팽이 팡팡이는 행복했답니다.

도서관 문을 열자, 사서 선생님이 계셨다.

"선생님, 저 왔어요."

"민서, 오늘도 왔구나."

"네, 어제 빌려 간 책 다 읽었어요."

"정말 그 책을 다 읽었다고? 넌 정말 책을 좋아하는구나."

민서는 아무 말 하지 않고 이 책 저 책을 골라 보았다. 민서는 최대한 두꺼운 책을 찾았다. 책장에서 책을 빼내자, 가슴 한구석에서 바람이 불었다.

도서관을 나와 교실로 들어와 자리에 앉았다. 짝꿍인 희서가 민서가 가지고 온 책에 관심을 보였다.

"민서야, 너는 이런 책을 읽을 줄 알아? 와! 대단하다."

몇 명이 모여들었다. 민서가 읽는 과학책에 다시 관심을 보였다.

"우리 집에도 이런 책이 있는데 나는 재미없더라."

"맞아. 우리 엄마는 이런 만화책도 사 주셨어."

수업 종이 울리고, 선생님이 들어오셨다. 민서가 제일 좋아하는 과학 시간이었다. 민서는 선생님이 무엇을 말씀하실지 이미 알고 있었다. 그리고 선생님의 질문을 기다렸다. 선생님이 질문하면 민서가 제일 먼저 손을 들고 대답할 준비를 마쳤다.

아이들은 민서와 선생님을 번갈아 가며 쳐다보았다. 어쩌면 수업보다 민서와 선생님 사이에 오고 가는 묘한 긴장감을 즐기는 듯했다.

하지만 그날 환경오염에 관련된 주제에서 선생님은 아무 질문도 하지 않으셨다. 환경오염이 인체에 미치는 피해에 대해 민서는 아빠가 읽는 잡지까지 읽어 가며 준비했다. 그 전날 수업 시간 선생님의 질문이 떨어지자마자 민서는 한 시간 내내 자신이 아는 모든 것을 총동원하여 대답했다. 친구들은 처음에는 와와 반응을 보였지만 조금 지나자 책상에 엎드리거나 다른 것에 관심을 보였다.

선생님은 민서에게 짧은 대답을 원하셨다. 하지만 민서는 너무 많은 것을 알고 있어서 어떻게 짧게 대답해야 할지 알지 못했다.

선생님이 질문을 던지지 않자 민서도 조용히 어제 빌려 온 책을 꺼내 펼쳐 보았다. 아는 내용은 시시했다. 하지만 도서관에서 빌려 온 책도 재미는 없었다. 다만 실망감과 무안함을 달래기 위해 책을 읽기 시작했다.

선생님은 민서를 힐끗 쳐다보시고 수업을 이어 나갔다. 아이들도 조별 활동을 진행했다.

"야, 김민서! 너는 안 할 거야?"

희서가 물었다.

"민서는 시시한가 봐. 너 안 할 거지?"

주연이가 재빨리 희서의 질문에 대답했다.

민서는 시무룩하게 말했다.

"응, 나는 시시해서 안 할 거야."

민서는 다시 책을 읽었다.

"민서는 참여 안 할 거니?

선생님이 민서에게 질문했다.

"선생님, 민서는 시시해서 안 해요. 책 읽고 있잖아요."

민서 대답을 주연이가 낚아채며 대답하였다.

선생님은 민서에게 말씀하셨다.

"그럼 민서는 책 읽을래? 어차피 같은 주제니까 상관없어."

민서는 다시 책을 읽었다. 읽고 싶어서 읽는 책이 아니었다. 민서도 아이들과 함께 조별 모둠 수업에 참여하고 싶었다. 하지만 모두 민서는 책을 좋아하는 아이니까 이런 활동에는 관심이 없다고 생각하는지 민서에게 더 이상 말을 걸지 않았다.

다음 시간은 체육 시간이었다. 줄넘기였다. 민서도 줄넘기를 좋아했다. 민서는 줄넘기 100개를 뛰었다. 맘도 한결 가벼워졌다. 숨이 찼다. 하지만 머릿속에 아무 생각도 들지 않아서 좋았다. 머릿속을 가득 메우고 있었던 글자들이 새처럼 날아가 버렸다. 그래서 머리도 맘도 가벼워지는 기분이었다.

"민서, 줄넘기 잘하는구나. 독서왕이라고 소문나서 운동을 싫어하는 줄 알았는데."

"그래도 민서는 독서를 제일 좋아해요. 그렇지, 민서야?"

주연이가 다시 민서의 대답을 가로챘다. 주연이는 언제나 민서가 대답하기 전에 민서의 대답을 가로채서 말하는 버릇이 있었다.

"네, 저는 독서도 좋아하고 줄넘기도 좋아해요."

민서가 대답했다.

체육 선생님이 민서의 어깨를 다독였다.

"그래, 균형을 맞추어야지."

민서가 집에 돌아오니 엄마가 안 계셨다. 학원에서 돌아와 침대에 누워 있었다.

"민서야. 이리 와 봐."

동생 민기를 어린이집에서 데리고 엄마가 돌아왔다. 엄마의 손에 책이 들려 있었다.

"엄마, 이게 뭐야?"

"아이고, 자랑스러운 울 아들. 독서왕이라고 우리 아파트에 소문이 파다해. 학원 선생님도 너에 대한 기대가 아주 크다고 하시더라."

엄마는 도서관에서 빌려 왔다며 민서에게 책을 건넸다. 그리고 서점에 들러 몇 권 더 사 왔다고 했다. 엄마의 얼굴이 해님처럼 밝았다. 민서는 눈이 부셨다.

'엄마는 내가 책을 읽는 것을 정말 좋아하는구나. 내가 공부하는 것을 정말 좋아하는구나.'

엄마의 모습이 너무 행복해 보여서 민서는 아무 말도 할 수 없었다.

민서는 말없이 책을 들고 와서 책상에 앉았다. 그리고 책을 읽기 시작했다.

어떤 책은 재미있기도 했고, 어떤 책은 좀 지루하기도 했고, 어떤 책은 너무 어려웠다. 그래도 읽고 또 읽었다. 엄마가 행복해하니까 견딜 수 있다고 생각했다.

그때 아빠가 들어오는 소리가 들렸다. 엄마가 조그맣게 말했다.

"여보, 조용히 해. 민서 책 읽고 있어. 공부하는 중이야."

"알았어. 나 옷 갈아입고 조용히 나올게."

민서는 방문을 열고 나가고 싶었지만 나갈 수가 없었다. 왠지 방문을 열고 나가면 엄마 아빠가 실망할 것 같았다.

엄마가 동네 이모들과 통화하는 소리가 들렸다.

"아휴, 우리 민서 지금 공부 중이야. 독서 중이라니까. 초등 2학년인데 벌써 중학생들이 읽는 과학 잡지를 읽는다고."

엄마의 통화가 계속되었다.

민서는 책을 덮고 침대에 누웠다.

책을 읽고 처음에 학교에 가서 대답하는 일이 신났다. 선생님도 친구들도 인정해 주었다. 칭찬 스티커도 열심히 모았다. 다른 친구들이 대답하기 전에 얼른 일어나 대답하거나 손을 들어 "저요! 저요!"를 외치는 일이 많아졌다.

하지만 언젠가부터 다른 친구들이 손을 안 들기 시작했다. 그리고 모두 민서만 쳐다보았다. 민서는 아랑곳하지 않고 대답했다. 친구들과 선생님의 표정에서 조금씩 민서의 대답을 지루해하는 눈빛이 느껴졌다. 하지만 민서는 잘 알아채지 못했다.

전교생들이 민서가 지나가면 "독서왕 지나간다."라며 쳐다보았다. 학교에서 민서는 풍부한 배경지식을 가진 책 읽기 좋아하는 독서왕이 되었다.

언제부터인지 모른다. 민서가 선생님의 대답에 질문하면 다른 아이들의 침묵이 길어졌다. 선생님도 점점 민서의 대답을 끝까지 듣지 않았다. 그리고 대답이 다 끝나기도 전에 다른 친구들에게 질문했다. 민서에게 질문하는 일이 줄어들다가 어느 날은 민서에게는 질문을 하지 않았다.

민서는 초조해졌다. 그 초조함이 극에 달할 때는 다른 친구의 대답을 민서가 일어나서 대답했다. 선생님도 친구들도 눈살을 찌푸렸다. 그리고 반 친구들은 민서에게 말을 걸지 않았다.

"너는 이런 거 시시해서 안 하잖아."

"맞아, 울 엄마가 그러는데 민서는 독서 천재라고 했어. 넌 고등학교 형들이 배우는 것도 알고 있잖아."

민서는 속상함을 감추기 위해 책을 읽었다. 어떤 날은 슬픔을 들키지 않기 위해 책을 읽었다. 어떤 날은 외로워서 책을 읽었다. 어떤 날은 화가 나서 책을 읽었다. 어떤 날은 답답해서 책을 읽었다.

선생님과 친구들은 조금씩 조금씩 민서를 신경 쓰지 않았다. 선생님과 반 친구들은 활기차게 수업했다. 하지만 민서는 그 수업에서 잊혀 가고 그냥 책만 읽었다. 모두 민서가 독서 천재라고, 독서왕이라고 말했다.

체육 시간이었다. 스탠드에 앉아 책을 읽고 있는 체육 선생님이 민서에게 다가왔다.

"민서야, 줄넘기 안 할래? 아니면 다른 운동도 많이 있는데."

"싫어요! 다 싫단 말이에요!"

민서가 울면서 소리쳤다. 아니, 비명에 가까웠다.

"선생님, 민서는 독서만 좋아해요."

주연이가 소리쳤다.

민서는 울면서 교실에 들어왔다. 책상 위에 엎드려 한참을 울었다.

민서의 어깨를 체육 선생님이 툭툭 건드렸다.

"민서, 너 책 안 좋아하지?"

민서는 아무 말도 하지 않았다. 어떤 날은 책이 좋기도 했다. 하지만 어떤 날은 책이 싫기도 했다.

"민서야, 다시 물어볼게. 너 책만 좋아하는 거 아니지?"

민서가 더 서럽게 울었다. 체육 선생님이 민서 옆에 오래도록 서 계셨다.

"민서야, 선생님이 널 도울 방법을 찾아볼게. 너무 걱정하지 말고."

집에 돌아온 민서가 방을 열었다.

민서의 방은 거대한 도서관 서가가 되어 있었다. 온갖 책들로 빽빽하게 들어차 있는 방이었다. 책꽂이가 창문도 가려 어두컴컴했다.

엄마도 아빠도 민서가 조용하면 책을 읽고 있는 것으로 알고 안심했다. '책을 읽고 있으니까 똑똑한 아이로 성장할 거야.' 그렇게 믿었다.

민서는 방 안에 들어서 책꽂이와 책꽂이 사이에 웅크리고 앉아 울었다. 민서의 몸이 점점 작아지더니 책들 사이로 들어가 갇혀 버렸다. 그렇게 민서는 사라져 버렸다.

다음 날 아침, 엄마는 민서가 보이지 않자 학교에 간 걸로 알았다. 담임 선생님은 민서가 보이지 않자 도서관에 간 것으로 알았다. 사서 선생님은 교실에 있는 줄 알았다. 체육 선생님이 운동장에 나오지 않은 민서를 찾아 나선 것은 오후였다.

"선생님, 민서가 보이지 않아요!"

오후에야 모두 민서가 사라진 것을 알았다.

엄마는 민서의 방을 열었다. 민서가 없었다. 민서는 어디에도 없었다. 경찰서에 연락했다. 하지만 민서가 집에서 나간 일이 없었다고 했다. CCTV에 민서가 나가는 것이 찍히지 않았다고 했다.

엄마는 민서의 방에 앉아 엉엉 울었다. 아빠도 엄마의 옆에 앉아 엉엉 울었다.

"민서야, 민서야…."

민서는 책갈피 속에서 부르짖었다.

"엄마, 나 여기 있어요. 답답해요. 나 좀 꺼내 주세요."

하지만 엄마도 아빠도 들리지 않는 것 같았다.

체육 선생님이 엄마 아빠에게 말씀하셨다.

"민서 방은 정말 답답하군요. 이런 곳에서 민서가 얼마나 답답했을까. 민서는 책을 별로 좋아하지 않았어요."

"그럴 리가 없어요."

엄마가 울면서 대답했다. 체육 선생님이 그동안 민서에게 있었던 일을 들려주었다. 민서는 책들 속에서 체육 선생님의 말씀을 듣고 울었다.

엄마가 말했다.

"이 책들을 치워 버릴게요."

엄마와 아빠, 체육 선생님이 책을 치우기 시작했다. 커다란 트럭 가득 책들이 치워졌다. 그때였다. 책과 책 사이에 갇혀 있던 민서에게로 엄마가 다가왔다. 그 책은 너무 두껍고 무겁고 큰 책이었다.

"내가 언제 이런 책을 사 주었지? 처음 보는 책인데."

엄마와 아빠 체육 선생님 셋이 모여 책을 치웠다. 하지만 그 책은 꿈쩍도 하지 않았다. 경찰서와 소방서 사람들까지 왔다. 모두 책을 치우려고 했지만 잘 움직이지 않았다.

납작해진 민서가 숨을 가쁘게 쉬며 소리쳤다. 하지만 그 소리는 너무 작아서 사람들에게 잘 들리지 않았다.

"엄마, 나 여기 있어. 나 좀 꺼내 줘."

엄마가 소리쳤다.

"우리 민서가 여기 있어요! 제가 분명히 들었어요."

하지만 사람들은 엄마의 말을 믿지 않았다. 엄마의 슬픔이 너무 커서 헛소리를 들은 것이라고 생각했다.

사람들이 돌아가고, 엄마는 커다란 책 앞에 서 있었다. 책은 마치 커다란 벽 같았다. 문이 없는 벽이 되어 버린 책 같았다.

"민서야, 엄마가 미안해. 네가 여기 있는 것을 알아. 하지만 엄마가 어떻게 해야 할지 모르겠어."

엄마가 엉엉 울었다. 민서도 같이 울었다. 엄마의 눈물이 흘러서 강물처럼 흘러갔다. 두꺼운 책으로 스며들고 또 스며들었다. 그러자 두꺼운 책이 조금씩 조금씩 물에 젖어 부풀어 오르기 시작했다. 그리고 조금씩 틈이 생기기 시작했다.

"엄마!"

엄마가 책갈피 속을 들여다보았다. 납작해진 민서가 보였다.

"민서야! 엄마야. 엄마 여기 있어. 널 꼭 꺼내 줄게. 엄마가 미안해."

"엄마! 엉엉…."

체육 선생님과 아빠도 민서를 발견했다.

"민서야!"

셋은 동시에 소리쳤다. 납작해진 민서가 소리쳤다.

"아빠!"

"민서야, 숨을 크게 쉬어 봐! 그리고 천천히 책갈피 속을 뛰어넘어 여기로 나와 봐!"

체육 선생님이 소리쳤다. 민서가 천천히 숨을 크게 쉬었다.

"민서야, 넌 할 수 있어! 줄넘기도 얼마나 잘하는데. 그 책갈피 속을 뛰어."

민서는 용기를 내었다. 그리고 책갈피를 뛰어넘기 시작했다.

한 장씩 한 장씩 있는 힘을 다해 뛰었다. 엄마와 아빠 그리고 체육 선생님이 민서를 응원하고 바라보고 있었고 간절히 기다리고 있었다. 아주 천천히 민서는 달렸다. 넘어졌지만 다시 일어나서 뛰었다.

드디어 그 두꺼운 책의 벽을 넘어 민서가 엄마를 만났다. 엄마가 민서를 꼭 끌어안았다.

"민서야, 엄마가 미안해. 정말 미안해."

그러자 납작했던 민서의 몸이 조금씩 부풀어 올라 원래의 민서 크기로 돌아왔다. 햇살이 가득 들어왔고 열린 창문 사이로 바람이 시원하게 불어왔다.

며칠 후, 민서가 다시 학교에 나왔다. 체육 시간이었다.

"민서, 대답해 봐. 너 책만 좋아하는 거 아니지?"

체육 선생님이 눈을 찡긋하며 물었다.

"네. 저는 책만 좋아하는 거 아니에요. 줄넘기도 좋아하고 친구들과 공차기도 좋아하고 친구들과 노는 것도 정말 좋아해요!"

민서가 크게 소리치며 다른 친구들과 운동장을 달렸다.

도깨비들이 낮잠을 자고 있었어요.

햇빛은 쨍쨍, 바람은 솔솔… 봄날은 낮잠 자기 최고였어요.

도깨비들은 바위 안에 들어가 낮잠을 자다가 밤에 일어나 활동했어요.

지금은 한낮이라 쿨쿨 낮잠 자기 최고였지요.

그런데 갑자기 도깨비 얼굴에 소나기가 내렸어요.

"으악, 차가워! 이게 뭐지? 비가 오나 봐."

"으악, 냄새! 이게 뭐지? 누가 오줌을 누나 봐."

바위 안에 있던 도깨비들이 모두 일어났어요.

웅성웅성, 시끌시끌, 꿈틀꿈틀…. 모두 모두 일어나서 소리를 질렀어요.

"으악, 누가 오줌을 누나 봐!"

"맞아, 누가 오줌을 누나 봐!"

바위에 난 창을 열고 밖을 내다보았어요.

소풍 나온 아이들이 서서 오줌을 누고 있었어요.

"아이, 소풍 재미없어."

"도깨비가 있는 바위라고 했는데 도깨비도 없잖아."

"어른들은 거짓말 대장이야."

"맞아, 도깨비가 있으면 당장 나와라. 뚝딱!"

"도깨비, 나와라. 뚝딱!"

그러고는 도깨비 바위에 대고 욕을 하기 시작했어요.

"바보! 멍청이! 똥바위!"

여기까지는 참을 수 있었어요.

처음 들어 보는 욕도 너무 많았어요.

"아, 나는 공부하기가 너무 싫어!"

"맞아, 글자가 다 사라지면 얼마나 좋을까?"

"누가 글자를 만들었는지 없어졌으면 좋겠어."

도깨비들이 모두 낮잠에서 깨어났어요.

도깨비 대장은 화가 났어요. 그래서 그날 밤에 모여 아이들을 혼내 줄 생각을 했어요.

"도깨비들아, 아이들이 우리를 믿지 않고 멋대로 구니 좀 혼내 주어야겠다."

"어떻게요?"

"사람들이 사는 마을에 내려가 자음을 모두 주머니에 담아 와라."

도깨비들이 마을에 내려갔어요.

모두 흩어져서 글자 중에 자음을 주머니에 담기 시작했어요.

"ㄱ(기역) 나와라! 뚝딱!"

거미, 구름, 구슬….

ㄱ(기역)이 사라졌어요.

어미, 우름, 우슬….

"ㄴ(니은) 나와라! 뚝딱!"

나무, 나비, 나팔….

ㄴ(니은)이 사라졌어요.

아무, 아비, 아팔….

"ㄷ(디귿) 나와라! 뚝딱!"

다람쥐, 달력, 달….

ㄷ(디귿)이 사라졌어요.

아람쥐, 알력, 알….

"ㄹ(리을) 나와라! 뚝딱!"

리본, 라면, 레미콘….

ㄹ(리을)이 사라졌어요.

이본, 아면, 에미콘….

"ㅁ(미음) 나와라! 뚝딱!"

말, 마음, 망아지….

ㅁ(미음)이 사라졌어요.

알, 아응, 앙아지….

도깨비 주머니에 자음이 가득 찼어요.

오늘은 주머니가 너무 무거워서 더 담을 수가 없었어요.

도깨비들이 주머니를 영차영차 메고 바위로 왔어요. 그리고 자음을 펼쳐 보았어요.

아기 도깨비들이 따라 읽었어요.

"ㄱ(기역), ㄴ(니은), ㄷ(디귿), ㄹ(리을), ㅁ(미음)."

"ㄱ(기역), ㄴ(니은), ㄷ(디귿), ㄹ(리을), ㅁ(미음)."

"ㄱ(기역), ㄴ(니은), ㄷ(디귿), ㄹ(리을), ㅁ(미음)."

아기 도깨비들은 신이 나서 자음을 던지면서 놀았어요.

"ㄱ(기역), ㄴ(니은), ㄷ(디귿), ㄹ(리을), ㅁ(미음)."

"ㄱ(기역), ㄴ(니은), ㄷ(디귿), ㄹ(리을), ㅁ(미음)."

"ㄱ(기역), ㄴ(니은), ㄷ(디귿), ㄹ(리을), ㅁ(미음)."

"사람들이 쓰는 글자래. 자음이래."

"정말 신기하게 생겼다. 자음이래."

다음 날 아침, 도깨비들이 또 마을로 내려왔어요.

"ㅂ(비읍) 나와라. 뚝딱!"

비, 바람, 바위….

ㅂ(비읍)이 사라졌어요.

이, 아람, 아위….

"ㅅ(시옷) 나와라 뚝딱!"

사과, 사자, 시장….

ㅅ(시옷)이 사라졌어요.

아과, 아자, 이장….

"ㅇ(이응) 나와라. 뚝딱!"

마당, 사탕, 사랑….

ㅇ(이응)이 사라졌어요.

마다, 사타, 사라….

"ㅈ(지읒) 나와라. 뚝딱!"

지구, 자동차, 자라….

ㅈ(지읒)이 사라졌어요.

이구, 아동차, 아라….

도깨비 주머니에 자음이 가득 찼어요.

오늘은 주머니가 너무 무거워서 더 담을 수가 없었어요.

도깨비들이 주머니를 영차영차 메고 바위로 왔어요. 그리고 자음을 펼쳐 보았어요.

아기 도깨비들은 신이 났어요.

"ㅂ(비읍), ㅅ(시옷), ㅇ(이응), ㅈ(지읒)."

"ㅂ(비읍), ㅅ(시옷), ㅇ(이응), ㅈ(지읒)."

"ㅂ(비읍), ㅅ(시옷), ㅇ(이응), ㅈ(지읒)."

아기 도깨비들은 신이 나서 자음을 던지면서 놀았어요.

"ㄱ(기역), ㄴ(니은), ㄷ(디귿), ㄹ(리을), ㅁ(미음), ㅂ(비읍), ㅅ(시옷), ㅇ(이응), ㅈ(지읒)."

"ㄱ(기역), ㄴ(니은), ㄷ(디귿), ㄹ(리을), ㅁ(미음), ㅂ(비읍), ㅅ(시옷), ㅇ(이응), ㅈ(지읒)."

"ㄱ(기역), ㄴ(니은), ㄷ(디귿), ㄹ(리을), ㅁ(미음), ㅂ(비읍), ㅅ(시옷), ㅇ(이응), ㅈ(지읒)."

"사람들이 쓰는 글자래. 자음이래."

"정말 신기하게 생겼다. 자음이래."

다음 날 아침, 또 도깨비들이 마을로 내려왔어요.

"ㅊ(치읓) 나와라. 뚝딱!"

차, 치타, 치약….

ㅊ(치읓)이 사라졌어요.

아, 이타, 이약….

"ㅋ(키읔) 나와라. 뚝딱!"

카메라, 카드, 킹콩….

ㅋ(키읔)이 사라졌어요.

아메라, 아드, 잉옹….

"ㅌ(티읕) 나와라! 뚝딱!"

타잔, 태양, 탕수육….

ㅌ(티읕)이 사라졌어요.

아잔, 애양, 앙수육….

"ㅍ(피읖) 나와라! 뚝딱!"

파, 파도, 양파….

ㅍ(피읖)이 사라졌어요.

아, 아도, 양아….

"ㅎ(히읗) 나와라! 뚝딱!"

하늘, 항아리, 한글

ㅎ(히읗)이 사라졌어요.

아늘, 앙아리, 안글….

도깨비 바위 안에서 아기 도깨비들이 노래를 합니다.

"ㄱ(기역), ㄴ(니은), ㄷ(디귿), ㄹ(리을), ㅁ(미음), ㅂ(비읍), ㅅ(시옷), ㅇ(이응), ㅈ(지읒)."

"ㄱ(기역), ㄴ(니은), ㄷ(디귿), ㄹ(리을), ㅁ(미음), ㅂ(비읍), ㅅ(시

옷), ㅇ(이응), ㅈ(지읒)."

"ㄱ(기역), ㄴ(니은), ㄷ(디귿), ㄹ(리을), ㅁ(미음), ㅂ(비읍), ㅅ(시옷), ㅇ(이응), ㅈ(지읒)."

어른 도깨비들이 나머지 자음을 꺼내 놓았어요.

아기 도깨비들이 노래를 합니다.

"ㄱ(기역), ㄴ(니은), ㄷ(디귿), ㄹ(리을), ㅁ(미음), ㅂ(비읍), ㅅ(시옷), ㅇ(이응), ㅈ(지읒), ㅊ(치읓), ㅋ(키읔), ㅌ(티읕), ㅍ(피읖), ㅎ(히읗)."

"ㄱ(기역), ㄴ(니은), ㄷ(디귿), ㄹ(리을), ㅁ(미음), ㅂ(비읍), ㅅ(시옷), ㅇ(이응), ㅈ(지읒), ㅊ(치읓), ㅋ(키읔), ㅌ(티읕), ㅍ(피읖), ㅎ(히읗)."

"ㄱ(기역), ㄴ(니은), ㄷ(디귿), ㄹ(리을), ㅁ(미음), ㅂ(비읍), ㅅ(시옷), ㅇ(이응), ㅈ(지읒), ㅊ(치읓), ㅋ(키읔), ㅌ(티읕), ㅍ(피읖), ㅎ(히읗)."

도깨비들이 자음을 가져가자, 사람들이 사는 마을에 큰일이 생겼어요. 아침에 일어나니 글자들이 뒤죽박죽되었어요.

아이들이 학교에 갔지만 공부를 할 수가 없었어요. 선생님이 "안녕"이라고 쓰자 "아여"가 되었어요. 자음이 다 사라졌어요. 그래서 무슨 뜻인지 알 수가 없었어요.

엄마랑 아빠가 일터에 갔지만 일을 할 수가 없었어요. 모두들 자음이 없어졌다고 난리였어요.

 책에서도 자음이 사라졌어요. 텔레비전 글자에서도 자음이 사라졌어요. 휴대폰 문자에서도 자음이 사라졌어요. 모두 아무것도 할 수가 없게 되었어요.

 자음이 사라져서 무슨 소리인지 알 수가 없게 되자, 여기저기 싸움이 일어나기도 했어요.

 사람들이 사는 마을에 대혼란이 생겼어요. 그래서 자음을 찾아오는 사람에게 큰 상금을 준다고 했지요.

 그때 연구하는 학자가 말하길, 도깨비 바위에 오줌을 누면 도깨비가 화가 나서 자음을 훔쳐 간다고 했어요.

 그래서 도깨비 바위에 오줌을 누운 아이들을 찾기로 했어요. 그 아이들만이 자음을 찾아올 수 있다고 말이에요.

 도깨비 아이들은 자음을 가지고 놀기가 너무 재미있었어요.

 하지만 글자를 만들 수는 없었어요. 모음이 필요했거든요.

 "대장님, 우리 아이들에게 모음을 가져다가 글자를 알려 주면 어떨까요?"

 "대장님, 우리 자음은 다 배웠어요."

 "모음도 가져다주세요."

"모음도 가져다주세요."

도깨비 대장은 고민에 빠졌어요.

조선 시대 세종대왕님이 한글을 만들어서 세상에 알렸어요.

장난기 많았던 도깨비들이 사람들이 쓰는 글자를 몇 개씩 훔쳐서 장난을 쳤지요.

아이가 아버지 옆에서 글자를 배우고 있었어요.

"아버지."

그때였어요.

"ㅂ(비읍)을 없애야지. ㅂ(비읍) 사라져라. 뚝딱!"

도깨비 한 마리가 비읍을 지웠어요.

"아어지."

"아이고, 이 바보야. 아직도 배우지를 못하니."

"아니야. 나는 분명히 아버지라고 했어. 잉잉잉….'

아버지가 아이에게 화를 내었어요.

세종대왕님은 화가 나서 도깨비들이 장난치지 못하게 바위 안에 가두어 버렸지요. 글자를 가지고 장난쳐서 벌을 받은 거예요.

도깨비 대장이 세종대왕님을 찾아갔어요.

"세종대왕님. 우리 도깨비 아이들이 자음을 가지고 노는 것을 너무나 좋아합니다. 그런데 인간 세상의 아이들은 한글을 중요하게 생각하지도 않아요. 차라리 우리에게 모음까지 주시면 도깨비 나라에서 한글을 소중하게 쓸게요. 우리가 모음도 가져오면 안 될까요?"

세종대왕님은 아무 말씀도 하지 않았어요.

"한글을 소중히 여기지 않는다고? 그럴 리가 없다."

세종대왕님은 도깨비 대장에게 말했어요.

"너희들이 훔쳐 온 자음을 내가 숨기라는 곳에 숨겨 두어라. 그리고 그것을 아이들이 찾아낼 수 있다면 다시 세상에 돌려주거라. 너희 도깨비 나라에는 내가 다시 글자를 만들어 주겠노라."

도깨비 대장은 세종대왕님이 말씀하신 대로 자음을 꼭꼭 숨겼어요.

사람들은 도깨비 바위에 오줌을 누고 욕을 한 아이들을 찾았어요.

소풍을 갔던 상형, 병서, 가획이를 찾아낸 거죠.

"너희들은 이제부터 자음을 찾아야 한다. 이것은 벌이야. 너희들로 인하여 세상에 자음이 사라졌단다. 도깨비 바위에 가서 자음을 찾아와야 한다. 그래야 글자들을 사용할 수가 있어. 안 그러면 집에 돌아올 수 없다."

상형이와 병서 그리고 가획이는 하는 수 없이 도깨비 바위를 찾아갔어요.

도깨비 바위 앞에 서서 셋이 말했어요.

"도깨비야, 잘못했어. 문을 열어 줘!"

"도깨비야, 미안해. 자음을 돌려줘!"

"도깨비야, 이제부터 안 그럴게!"

하지만 바위는 꿈쩍도 하지 않았어요.

셋은 바위를 두드리기도 하고 바위를 안아 주기도 하고 쓰다듬어 주기도 했어요. 하지만 바위는 움직이지 않았어요.

상형이가 말했어요.

"우리 도깨비처럼 해 보자."

그래서 셋은 도깨비처럼 바위를 빙글빙글 돌면서 말했어요.

"문 열려라. 뚝딱!"

"문 열려라. 뚝딱!"

그러자 바위가 둘로 쪼개져 열렸어요.

셋은 그 문을 열고 들어갔어요.

셋은 무서웠지만 용기를 내었어요.

깜깜한 길을 한참 걸어갔어요. 상형이와 병서와 연서는 손을 꼭 잡았지요.

깜깜한 길을 지나 도깨비 마을에 도착했어요. 마을은 온통 초록색이었어요.

도깨비들은 사람과 비슷했지만 회색 피부에 머리에는 빨간 뿔을 달고 있었어요. 그리고 빨간색 도깨비 방망이를 손에 들고 다녔어요. 옛날이야기에 나오는 도깨비들처럼 무섭지는 않았어요.

도깨비 대장이 말했어요.

"어서 오너라. 여기는 도깨비 마을이란다. 사람 사는 곳과 아주 비슷하지. 너희들이 왜 왔는지 알고 있겠지? 여기서 자음을 찾아 사람들에게 가지고 가야 한다. 만약 너희들이 자음을 찾지 못하면 우리는 사람들에게서 모음을 훔쳐 올 거야. 그러면 너희들은 한글이란 글자를 사용하지 못할 게 될 거야."

"글자를 사용하지 못하게 된다고요?"

"그래, 한글을 사용하지 못하게 되겠지. 글자가 사라진 세상을 상상해 보지 못했을 거야. 글자가 사라지면 너희들도 집에 돌아가지 못하지. 너희들의 이름도 주소도 다 사라질 테니까."

도깨비 대장은 이어서 말했어요.

"한글을 세종대왕님이 만든 것은 알고 있겠지?"

"네, 알고 있어요."

"우리는 세종대왕님의 명령대로 자음을 숨겼다."

"어떻게 하면 찾을 수 있나요?"

"상형이 우선 네 이름을 잘 생각해 봐. 거기에 찾을 수 있는 답이 있을 거야."

도깨비 대장이 알쏭달쏭한 말을 남기고 가 버렸어요.

셋은 초록색 방으로 안내되었어요.

초록색 방은 사람들과 사는 방과 거의 똑같았어요. 도깨비는 사람들을 흉내 내기 좋아한다고 하더니 모든 것이 참 비슷했어요.

병서가 말했어요.

"상형아, 네 이름에 답이 있다고 했어."

연서도 말했어요.

"네가 찾아내. 네 이름에 답이 있다잖아."

병서와 연서는 피곤한지 쿨쿨 자기 시작했어요.

상형이는 혼자 남아 생각했어요. 그러자 눈물이 나왔어요. 엄마도 보고 싶고 아빠도 생각났어요. 집에 돌아가고 싶었지만 자음을 찾지 못하면 집에 돌아갈 수 없다고 생각하자, 더욱 눈물이 났어요. 엄마랑 아빠에게 자음을 꼭 찾아서 돌아오겠다고 약속했거든요.

상형이는 할머니도 보고 싶었어요. 상형이가 힘들 때마다 할머니가 상형이를 안아 주고 위로해 주었거든요.

"우리 상형이는 세상에 도움을 주는 사람이 될 거야."

항상 할머니가 말씀하셨어요.

하지만 작년에 할머니가 세상을 떠나서 볼 수가 없어요. 어쩌면 할머니 산소에도 갈 수 없을지 몰라요. 할머니 이름도 사라져서 찾을 수 없을 테니까요.

상형이는 다시 한번 결심했어요. 자음을 찾아서 세상에 도움을 주는 사람이 되기로요.

상형이는 한글을 만든 세종대왕님을 생각했어요. 새삼 한글을 만든 세종대왕님이 대단하다고 생각했어요.

도깨비 아이들이 옆방에서 시끄럽게 떠들었어요.

도깨비 아이 하나가 큰 소리로 읽었어요.

"ㄱ(기역), ㄴ(니은), ㄷ(디귿), ㄹ(리을), ㅁ(미음), ㅂ(비읍), ㅅ(시옷), ㅇ(이응), ㅈ(지읒), ㅊ(치읓), ㅋ(키읔), ㅌ(티읕), ㅍ(피읖), ㅎ(히읗)."

나머지 도깨비 아이들이 따라 읽었어요.

"ㄱ(기역), ㄴ(니은), ㄷ(디귿), ㄹ(리을), ㅁ(미음), ㅂ(비읍),

ㅅ(시옷), ㅇ(이응), ㅈ(지읒), ㅊ(치읓), ㅋ(키읔), ㅌ(티읕), ㅍ(피읖), ㅎ(히읗)."

"ㄱ(기역), ㄴ(니은), ㄷ(디귿), ㄹ(리을), ㅁ(미음), ㅂ(비읍), ㅅ(시옷), ㅇ(이응), ㅈ(지읒), ㅊ(치읓), ㅋ(키읔), ㅌ(티읕), ㅍ(피읖), ㅎ(히읗)."

도깨비 아이가 말했어요.
"우리 글자 놀이 해 볼까?"
"좋아, 좋아!"
"기 기 기 자로 끝나는 말은?"
"감기, 예쁘기, 사랑하기, 먹기…."
"니 니 니 자로 끝나는 말은?"
"어어? 생각이 안 난다."
"어금니, 사랑니, 앞니…."
"하하하! 전부 이빨이네."
"디 디 디 자로 끝나는 말은?"
"어어… 뭐지? 생각이 안 난다."
"그럼 디 디 디로 시작하는 말은?"
"디딤돌, 다람쥐, 다리미…."
"리 리 리 자로 끝나는 말은?"

"개나리, 항아리, 보따리….."

"미 미 미 자로 끝나는 말은?"

"개미, 거미, 매미, 동그라미….."

"비 비 비 자로 끝나는 말은?

"도깨비, 도깨비, 도깨비….."

도깨비 아이들이 한목소리로 외쳤어요.

"시 시 시 자로 끝나는 말은?"

"도시, 홍시, 강시….."

"와! 강시래. 우리가 힘이 강할까? 강시가 더 강할까?"

"요즘은 강시가 아니라 좀비라고 하던데. 도깨비를 당할 자가 없다고 했어."

"맞아, 우리에게는 도깨비방망이가 있잖아. 무엇이든 뚝딱 만들어 낼 수 있지."

"그런데 왜 글자는 안 만들어지는 거야?"

"그것은 세종대왕님이 우리에게 벌을 내린 거래. 글자를 가지고 장난을 쳐서."

상형이는 깜짝 놀랐어요. 사라졌던 자음이었어요.

도깨비 아이가 말했어요.

"자음을 가지고 놀 때가 재미있었는데 대장님이 어디다 숨겨 버렸어."

"맞아. 대장님이 숨겨 버렸대."

"어디다 숨겼는지 너는 몰라?"

"세종대왕님이 한글을 만들 때와 관련이 있다고 했어. 엄마가. 근데 이건 비밀이야. 세종대왕님은 자음을 만들 때 모양을 본떠서 만들었대. 세종대왕님이 만든 책이 도깨비 대장에게 있는데, 거기서 봤대. 비슷한 모양으로 말이야."

"정말?"

"쉿! 비밀이야. 엄마가 아무에게도 말하면 안 된다고 했어."

도깨비 아이들이 다시 놀기 시작했어요.

상형이는 다시 생각했어요.

"아, 맞다. 내 이름이지. 세상에 도움을 주는 이들을 닮으라고. 모양을 본떠서 만들다. 상형!"

상형이는 기뻐서 소리치면서 연서와 병서를 깨웠어요.

"찾았어!"

가획이가 말했어요.

"정말?"

"어디 있어?"

병서도 소리쳤어요.

"자음은 모양을 본떠서 만들었대. 그러니까 어떤 모양을 본떠서 만들었는지 알면 거기에 숨겨져 있을 거야."

"너 천재구나."

"세종대왕님의 책을 도깨비 대장이 가지고 있대."

"우리 도깨비 대장 집에 몰래 들어가 찾아보자."

셋은 조용히 도깨비 대장 집에 가기로 했어요.

캄캄한 길을 지나 도깨비 대장 집에 도착했어요. 큰 기와집이었어요.

몰래몰래 살금살금 엉금엉금… 소리 나지 않게 들어갔어요. 그리고 이 방 저 방을 찾아보았어요.

도깨비 대장은 드르렁드르렁 코를 골며 자고 있었어요. 도깨비 대장이 잠들어 있는 방 옆에 커다란 금고가 있었어요. 도깨비 대장이 코를 드르렁드르렁 골아서 깜짝 놀랐어요.

그런데 금고의 비밀번호를 알 수가 없었어요. 이리 누르고 저리 눌러도 알 수가 없었지요.

"어쩌면 한글 창제년도와 관련이 있지 않을까?"

"맞아. 1443년이야."

병서가 조심스럽게 1443을 눌렀어요. 그러자 금고가 열렸어요.

병서가 그 금고를 조심스럽게 열었어요. 그 안에는 책이 한 권 있었어요.

훈민정음(백성을 가르치는 바른 소리)

나라의 말이 중국과 달라

한자와는 서로 맞지 아니하므로

이런 까닭으로 어리석은 백성이 이르고자 하는 바 있어도

마침내 제 뜻을 능히 펴지 못할 사람이 많으니라

내 이를 위하여, 가엾게 여겨

새로 스물여덟 자를 만드노니

사람마다 하여금 쉽게 익혀 날마다 씀에

편안케 하고자 할 따름이니라

상형이가 소리쳤어요.

"나 이거 해석할 줄 알아. 전에 세종대왕 위인전에서 읽은 적이 있어."

"정말? 그럼 말해 봐."

병서가 말했어요.

"나라의 말이 중국과는 달라서

한자를 사용하는 중국과 우리가 서로 통하지 아니하므로

이런 까닭으로 불쌍한 백성들이 말하고자 하는 바가 있어도

마침내 자기의 뜻을 능히 말하지 못하는 사람이 많으니라.

내 백성들을 위하여 가엾게 여겨

새로 스물여덟 자를 만드노니

사람마다 하여금 쉽게 배워서 날마다 사용하기에

편안하게 하고자 할 따름이니라."

상형이가 또박또박 해석했어요.

"와! 상형이는 천재다. 천재구나."

가획이가 박수를 쳤어요.

"쉿! 조용히 해. 도깨비 대장이 깨면 안 돼!"

"우리 다음 장을 읽어 보자."

"이게 뭘까?"

책을 펼쳐 보았지만 무슨 말인지 잘 알 수가 없었어요.

ㄱ(기역)은 뿌리가 목구멍을 막는 모양

ㄴ(니은)은 혀가 윗잇몸에 닿는 모양

ㅁ(미음)은 입술의 모양

ㅅ(시옷)은 이의 모양

ㅇ(이응)은 목구멍의 모양

몰래몰래 살금살금 엉금엉금… 셋은 책을 들고 나왔어요.

상형이가 한참을 생각했어요.

"아, 알겠다. 자음에서 이 글자들은 우리의 목소리와 관련이 있는 거 같아. 치아, 입, 목구멍, 혀, 입천장인 것 같아."

상형이가 그림을 그려 설명했어요. 그러고 보니 소리를 내는 입과 목구멍의 모양과 아주 비슷했어요.

다시 책을 읽어 보니 이 다섯 글자를 기본자로 정한다고 했어요.

병서가 말했어요.

"그럼 이 다섯 글자는 도깨비 대장 입안에 숨겨져 있겠네."

"맞아, 맞아."

셋은 다시 도깨비 대장 집으로 갔어요.

몰래몰래 살금살금 엉금엉금… 도깨비 대장은 코를 드르렁드르렁 골며 아직 자고 있었어요.

도깨비 대장 두꺼운 입술을 보니 ㅁ(미음)이 보였어요.

셋은 속으로 소리쳤어요.

"찾았다. ㅁ(미음)!"

ㅁ(미음)을 배낭에 넣었어요.

벌어진 입 사이에 이빨이 보였어요. 그 속에 ㅅ(시옷)이 숨어 있었어요.

"찾았다. ㅅ(시옷)!"

ㅅ(시옷)을 배낭에 넣었어요.

가획이가 도깨비 대장의 입을 조심조심 벌렸어요. 그러자 혀 사이에 ㄴ(니은)이 숨어 있었어요.

"찾았다. ㄴ(니은)!"

ㄴ(니은)을 배낭에 넣었어요.

병서가 고개를 숙여서 도깨비 대장의 입천장 근처에서 ㄱ(기역)을 꺼냈어요.

"찾았다. ㄱ(기역)!"

ㄱ(기역)을 배낭에 넣었어요.

가획이가 도깨비 대장의 목구멍에서 ㅇ(이응)을 꺼냈어요.

"찾았다. ㅇ(이응)!"

셋은 다시 방으로 돌아왔어요.

배낭에서 글자를 꺼내서 다시 읽어 보았어요.

ㄱ(기역)은 뿌리가 목구멍을 막는 모양

ㄴ(니은)은 혀가 윗잇몸에 닿는 모양

ㅁ(미음)은 입술의 모양

ㅅ(시옷)은 이의 모양

ㅇ(이응)은 목구멍의 모양

머리를 맞대고 살금살금 의논했어요.

"이제 다섯 글자를 찾았는데 나머지 글자들은 어떻게 찾지?"

"아까 가져온 훈민정음을 찾아봐."

"맞다! 그러면 될 거야."

셋은 훈민정음 책을 다시 읽었어요.

이 기본자에 획을 더하면 다른 글자들이 만들어지나니

셋은 무슨 말인지 알 수가 없었어요.

상형이와 병서 그리고 가획이는 배낭에서 글자를 꺼내었어요.

오랜만에 기본자인 다섯 글자를 보니 반가웠어요. 매일 봤을 때는 아무 생각이 없었는데 도깨비 나라에서 다시 보니 반갑고 눈물이 났어요.

ㄱ(기역), ㄴ(니은), ㅅ(시옷), ㅇ(이응), ㅁ(미음) 이 다섯 글자가 소리의 모양을 본떠서 만들었다는 것이 신기했어요.

그때 상형이가 글자를 가리키던 막대기를 놓쳤어요. 막대기가 떨어져 ㄴ(니은) 옆에 떨어지자 ㄷ(디귿)이 되었어요.

ㄴ(니은)에 막대기가 떨어져 줄을 그으니, ㄷ(디귿)이 되었어요.

상형이가 소리쳤어요.

"획을 더한다는 건 줄을 긋는 거였어."

"ㄱ(기역)에 획을 더하면 ㅋ(키읔).

ㄴ(니은)에 획을 더하면 ㄷ(디귿).

ㄷ(디귿)에 획을 더하면 ㅌ(티읕).

ㅅ(시옷)에 획을 더하면 ㅈ(지읒).

ㅈ(지읒)에 획을 더하면 ㅊ(치읓).

ㅁ(미음)에 획을 더하니 ㅂ(비읍).

ㅂ(비읍)에 획을 더하니 ㅍ(피읖)."

상형이가 다시 천천히 설명했어요.

"ㄱ(기역)에 획을 더하면 ㅋ(키읔).

ㄴ(니은)에 획을 더하면 ㄷ(디귿).

ㄷ(디귿)에 획을 더하면 ㅌ(티읕).

ㅅ(시옷)에 획을 더하면 ㅈ(지읒).

ㅈ(지읒)에 획을 더하면 ㅊ(치읓).

ㅁ(미음)에 획을 더하니 ㅂ(비읍).

ㅂ(비읍)에 획을 더하니 ㅍ(피읖)."

이번에는 병서가 말했어요.

"아, 이 기본자에 획을 더하면 글자가 빠르게 늘어나는구나. 자음이 확 늘어나 버렸어."

가획이가 소리쳤어요.

"내 이름은 세상에 이로운 일을 더해 가며 살라고 가획이라고 지었다고 했어. 우리 이름이 어쩌면 글자를 찾아오는 수수께끼의 열쇠인가 봐. 상형이의 이름은 기본자의 모양을 발음기관의 본뜸과 관련이 있구나. 내 이름은 글자를 늘리는 데 열쇠가 되는 거였어!"

"정말 멋지다. 우리 이름이 이런 의미를 가지고 있었다니!"

"그럼 이 기본자를 가지고 가서 다른 자음들을 만들면 되겠다."

"와! 글자를 나란히 놓아도 자음이 늘어날 수 있어."

병서가 다시 소리쳤어요.

"ㄱ(기역)을 두 번 겹치면 ㄲ(쌍기역)이 되네."

병서가 다시 말했어요.

"ㄷ(디귿)을 두 번 겹치면 ㄸ(쌍디귿)이 되네."

"아하 이래서 ㄲ(쌍기역), ㄸ(쌍디귿), ㅆ(쌍시옷), ㅃ(쌍비읍), ㅉ(쌍지읒)이 만들어지는구나."

병서도 신이 났어요.

한글 자음 만들기가 너무 재미났어요.

ㄱ(기역) ㄲ(쌍기역)

ㄷ(디귿) ㄸ(쌍디귿)

ㅅ(시옷) ㅆ(쌍시옷)

ㅂ(비읍) ㅃ(쌍비읍)

ㅈ(지읒) ㅉ(쌍지읒)

훈민정음을 다시 읽어 보았어요.

상형은 기본자를 만들 때 사용된 원리였어요. 병서는 글자를 나란히 쓸 때 사용되는 원리였어요. 가획은 글자의 획을 그을 때 쓰는 원리였어요. 우리 이름이 한글을 만드는 원리에서 왔다는 것을 알았어요.

셋은 소리를 질렀어요.

"우리 이름이 훈민정음에 나와 있어."

"나는 이제부터 한글을 사랑할래."

"나도 한글이 얼마나 소중한 줄 알았어."

"다시는 도깨비에게 빼앗기지 않도록 해야겠어."

이제 자음을 다 찾았으니 도깨비 마을을 떠나기로 했어요.

배낭에 소중하게 자음들을 넣고 상형이와 병서와 가획이는 길을 떠났어요.

도깨비 나라의 도깨비들은 아직 쿨쿨 자고 있었어요.

"문 열려라. 뚝딱!"

그러자 사람들이 사는 세계로 가는 문이 열렸어요.

상형이와 병서와 가획이가 찾아온 자음 덕분에 세상에는 다시 한글이 사용되었어요.

상형이는 제일 먼저 할머니 산소를 찾아갔어요. 할머니 이름을 찾아서 할머니에게 말했어요.

"할머니, 이제 자주 올게요. 내가 할머니 이름이 얼마나 소중한지 이제 알았어요."

가획이는 제일 먼저 한글 박물관을 찾았어요. 꿈도 새로 생겼어요. 한글을 연구하는 한글 박사가 되기로 했어요.

모음의 원리도 궁금했어요.

'모음의 기본자는 어떻게 만들어지는 걸까? 모음에서 글자 수는 어떻게 늘어나는 걸까?'

너무너무 궁금해서 훈민정음을 연구하는 어린이 박사가 되었어요.

병서는 입에 달고 살던 욕을 하지 않기로 했어요.

친구들을 만날 때마다 습관적으로 하던 욕이 있었거든요. 이상하게 게임을 할 때 나오는 욕이 있었어요. 화가 날 때도 욕을 했어요.

욕 대신에 병서는 기분 나쁘고 화가 나면 쓰는 감정 언어를 배웠어요. 욕을 하면 또다시 도깨비가 나타나 자음을 훔쳐갈지 모음을 훔쳐갈지 모르니까요.

사람들은 한글을 소중하게 사용하기 시작했어요.

잠에서 깬 도깨비 대왕은 자음이 없어진 걸 알았어요.

잠에서 깬 도깨비 아이들이 울고불고 난리를 쳤어요.

도깨비 나라에서 재미있게 배우던 한글이 다 사라졌으니까요.

세종대왕님이 말했어요.

"아마도 이제 사람들도 한글을 소중하게 생각하게 될 거야. 너희들도 이제는 한글을 가지고 장난치는 일이 없도록 하려무나."

"세종대왕님, 우리 도깨비 나라에도 글자를 만들어 주세요."

"세종대왕님, 우리 도깨비 아이들이 너무 심심해해요."

"세종대왕님, 우리도 글자를 써서 책도 쓰고 읽고 싶어요."

"세종대왕님, 우리도 학교에 나갈래요."

도깨비 아이들이 웅성웅성 떠들고 소리쳤어요.

"내가 약속했으니 도깨비 나라에도 글자를 만들어 주마."

"정말이지요? 약속한 거지요? 그런데 한글이 좋으니 최대한 한글의 자음과 모음이 비슷한 것으로 해주세요."

"너희들은 정말 사람들 흉내 내기를 좋아하는구나."

세종대왕님이 도깨비 나라에도 글자를 만들어 주었어요.

집현전에 있는 학자들도 다시 불러들였어요.

"도깨비 나라에도 도깨비가 사용해야 하는 글자가 필요하니 이제부터 이들을 위해 글자를 만들어 보자."

집현전 학자들은 열심히 연구했어요.

드디어 도깨비들이 쓸 수 있는 자음과 모음을 만들어 주었어요. 도깨비들은 신나게 글자를 쓰게 되었어요. 도깨비들은 사람들을 흉내 내기 정말 좋아하니까요.

그 후부터는 도깨비들이 자음을 훔쳐 가는 일이 사라졌다고 해요. 도깨비 바위도 사람들이 찾지 못하게 숨겨 버렸답니다.

동물들이 모여 사는 작은 숲속 아누이 마을에 뿌야네 가족도 살아가고 있었습니다. 뿌야네 가족은 코뿔소입니다.

뿌야네의 조상은 아누이 마을에 전쟁이 일어났을 때 마을을 지키는 용감한 전사들이었습니다. 코뿔소의 코로 마을을 침범하는 적들을 향해 돌격하여 물리쳤습니다. 그들이 달릴 때는 마치 전차군단이 달려가는 것처럼 웅장하였고, 그들의 피부는 어떠한 충격도 막아 낼 정도로 튼튼한 갑옷이었습니다.

코뿔소 군단이 마을을 지키고 있는 한, 숲속 아누이 마을은 평화를 유지할 수 있었습니다.

사냥꾼들이 코뿔소의 뿔에 관심을 두기 시작하면서 이 평화는 오래가지 못했습니다. 사냥꾼들은 코뿔소의 뿔을 가지고 싶어 했습니다. 코뿔소의 뿔은 집 안을 장식하는 장식품으로 사용되기 시작하였고, 약으로 팔려 나가기 시작했습니다.

사냥꾼들은 처음에는 죽은 코뿔소의 뿔을 가져가기 시작했지만, 어느 순간부터 살아 있는 코뿔소의 뿔을 욕심내기 시작했습니다. 하지만 사냥꾼들이 살아 있는 코뿔소의 뿔을 얻기란 쉽지 않았습니다.

살아 있는 코뿔소는 너무나 용맹했습니다. 코뿔소의 피부는 너무나 두꺼워 총알도 튕겨 나갔습니다. 뿔로 돌진하여 사냥꾼들에게 달려들 때는 피할 수가 없어 사냥꾼들이 죽거나 다쳤습니다.

사냥꾼들은 마법사 룬타를 찾아갔습니다. 룬타는 숲을 지키는 정령의 후손이었으나 무슨 일 때문인지 더 이상 숲을 지키려 하지 않았습니다.

아누이 마을을 지키는 코뿔소 전사들의 뿔은 매우 귀하게 여겨져 비싼 값에 팔려 나갔습니다. 사냥꾼들은 아누이 마을 전사들의 뿔을 얻고자 온갖 방법을 다 사용하고자 했습니다. 마법사 룬타에게 코뿔소를 이기는 방법을 찾아 달라고 협박했습니다.

마법사 룬타는 사냥꾼들에게 마법의 약을 주었습니다. 이 약을 코뿔소 눈에 뿌리게 되면 코뿔소의 눈이 멀거나 시력이 나빠져서 앞을 잘 볼 수 없게 된다고 하였습니다. 사냥꾼들은 코뿔소의 뿔을 팔아 얻은 돈의 일부를 마법사 룬타와 나누어 갖기로 약속하였습니다.

마법사 룬타는 마법의 약을 나비의 날개에 묻히고 숲속의 아누이 마을에 날아가게 하였습니다.

마법에 걸린 나비들은 숲속 아누이 마을로 날아갔습니다. 그들의 날개에는 마법사 룬타가 뿌린 약이 묻어 있었습니다.

봄바람을 타고 날아오는 노란 나비, 하얀 나비, 호랑나비가 마을을 뒤덮었습니다. 숲속의 동물들은 아름다운 나비들을 환영했습니다.

코뿔소 군단은 진흙더미에서 한가롭게 뒹굴고 있었습니다. 코뿔소 뿔 위에 나비가 한 마리 앉았습니다.

"안녕, 노랑나비? 오랜만이야. 그 예쁜 날개가 물에 젖으면 날 수가 없으니 내가 일어서야겠군."

코뿔소는 이 나비가 물에 젖지 않도록 몸을 일으켜 물가에서 걸어 나오기 시작했습니다. 그때였습니다. 갑자기 코뿔소의 눈앞이 뿌옇게 보이기 시작했습니다. 뜨거운 목욕탕에서 나온 것처럼 뿌연 안개가 앞을 가로막았습니다.

"이상하군. 갑자기 안개가 밀려오다니."

그런데 이쪽저쪽에서 코뿔소들이 부딪치기 시작했습니다.

"야, 앞 좀 제대로 보고 다녀."

"아니야. 안개가 너무 자욱해."

"이상해. 내 눈이 안 보여."

코뿔소들이 우왕좌왕하다가 코뿔소들은 길을 잃고 넘어졌습니다.

나비들은 하늘로 날아 올라갔습니다. 그들의 날개에 마법의 약이 눈이 내리듯 내리기 시작했습니다. 한여름이었지만 나비의 날개에서 쏟아져 나오는 가루가 진눈깨비 내리듯 쏟아지기 시작했습니다.

숲속에 숨어 있던 사냥꾼들이 공격을 시작한 것은 그때였습니다. 사냥꾼들은 쓰러져 있는 코뿔소들을 공격하였습니다. 사냥꾼들은 코뿔소를 죽이고 뿔을 잘라 갔습니다.

죽은 코뿔소는 백 마리가 넘었고, 겨우 살아남은 코뿔소들은 숲속 마을로 돌아왔습니다. 숲속 아누이 마을의 동물들은 사냥꾼들을 피하여 더 깊은 정글 속으로 들어가야만 했습니다. 이때부터 코뿔소들에게서 태어나는 새끼 코뿔소들은 나쁜 시력을 가지게 되었습니다.

코뿔소들의 시력이 차츰 정상으로 돌아오기 시작한 것은 오랜 시간이 지난 뒤였습니다. 코뿔소들은 새끼 코뿔소들에게 사냥꾼과 마법사와 나비를 조심해야 한다고 가르치고 또 가르쳐 주었습니다. 새끼 코뿔소들은 나비라는 단어를 가슴에 미움으로 새기며 자라났습니다.

뿌야도 나비를 보면 먹어 버리겠다고 다짐했습니다.

뿌야는 숲속 마을을 지키는 용감한 아누이 마을의 지휘관이 되는 게 꿈이었습니다.

뿌야의 피부는 자랄수록 더욱 튼튼하고 질겨져 멋진 갑옷이 되었습니다. 뿌야의 피부는 멋진 회색이었는데, 햇빛을 받으면 하얀색처럼 보이기도 했으며 나무의 그늘 속으로 들어가면 초록색처럼 보이기도 했습니다. 뿌야의 뿔은 계속 자라나 1미터가 넘었으며 끝은 뾰족하고 강인했습니다.

뿌야는 어느덧 멋진 청년 코뿔소로 자랐습니다. 그리고 코뿔소 사이에서 최고의 신랑감이 되었습니다. 뿌야가 등장하면 코뿔소 아가씨들은 그에게 데이트를 신청하곤 했지만, 뿌야의 마음을 얻지 못했습니다.

뿌야의 마음은 오로지 아누이 마을을 지키고 사냥꾼들을 물리치고 나비를 찾으면 먹어 버리는 일이었습니다. 실제로 뿌야는 숲속에 있는 나비를 보는 대로 먹어 치웠습니다. 숲속 마을에는 어느새 나비가 날아오지 않았고, 나비가 날아오지 않자 꽃도 사라져 버렸습니다.

　숲속 아누이 마을에 사는 코뿔소 아가씨 룩은 오랫동안 숲속 마을에 꽃을 키우고 싶어 했습니다. 룩은 어릴 적부터 다른 숲속을 여행 다니는 모험가였습니다.
　룩이 처음 다른 마을에 갔을 때, 꽃의 향기를 맡게 되었습니다. 그 향기는 바람을 타고 날아왔습니다. 달콤하기도 했으며 기분을 어지럽게도 했습니다. 코끝으로 들어간 향기는 온몸을 돌고 돌아 룩의 심장에 와 닿았습니다. 기분을 좋게 하기도 하였으며 마음에 평안함이 찾아왔습니다.
　그것은 룩이 처음 느껴보는 향기였으며 감정이었습니다. 룩은 그것이 꽃이란 것을 알게 되었으며, 꽃의 씨앗을 얻기 위해서는 나비가 있어야 함을 알게 되었습니다.

　룩이 숲속 아누이 마을로 돌아왔습니다. 룩은 정원을 가꾸고 소중하게 얻어 온 꽃씨를 땅에 심었습니다. 그리고 그 꽃들을 키우기 시작했습니다.
　새싹이 움트고 드디어 꽃 한 송이가 피어났습니다. 룩은 너무나 기뻐서 꽃 주위를 뛰어다녔습니다. 한 달이 되지 않아 룩의 정원에는 아름다운 꽃들이 여기저기에서 피어나기 시작했고 아름다운 동산을 이루게 되었습니다.

마을의 동물들과 코뿔소들이 찾아와 룩의 정원을 보며 감탄했습니다. 그리고 룩처럼 꽃의 향기를 오랜만에 맡을 수 있게 되었습니다.

룩이 아침에 일어나 정원으로 나왔을 때, 룩은 비명을 질렀습니다. 뿌야가 룩의 정원에서 꽃들을 마구 밟으며 날아온 나비들을 잡아먹고 있었습니다. 뿌야는 나비들에게 정신이 팔려 꽃들이 망가지는 것을 보지 못했습니다.

"당장 그만두지 못해!"

룩이 소리쳤습니다.

뿌야가 고개를 돌려 룩을 쳐다보았습니다. 뿌야는 처음 보는 코뿔소 아가씨 룩을 보자 갑자기 심장이 쿵쿵 뛰기 시작했습니다. 나비를 잡아먹느라 정신없이 뛰었기 때문에 심장이 뛰는 줄 알았습니다. 룩은 뿌야가 처음 보는 아름다운 코뿔소 아가씨였습니다.

"이 멍청이야! 저리 가! 당장 저리 가라고!"

숲속 마을 지휘관의 후계자로 임명될 뿌야에게 멍청이라니….

처음 들어 보는 말이었습니다.

"나에게 멍청이라니. 나는 뿌야야. 이 마을을 지키는 전사라고!"

"너 따위가 전사라고? 네가 내 꽃밭을 다 망가뜨려 놓았어. 내가 어떻게 가꾼 꽃밭인데. 이제 꽃씨를 얻을 곳도 없을 텐데…."

그때 나비 한 마리가 룩의 뿔 위에 내려앉았습니다. 뿌야는 자신도 모르게 룩의 뿔 위에 앉아 있는 나비를 먹기 위해 룩에게 달려갔습니다.

그러자 룩이 뿌야에게 부딪쳐 넘어져 버렸습니다. 나비는 하늘 높이 날아가 버렸습니다.

"이런. 나비가 날아가 버렸잖아? 먹어 버렸어야 했는데…."

"뭐라고? 나비를 먹는다고? 내 꽃밭에 날아온 나비를 먹는다고? 넌 정말 최악이구나."

룩이 뿌야를 뿔로 받아 버렸습니다. 뿌야가 몇 바퀴 굴러갔습니다.

"뭐 이렇게 힘이 센 아가씨가 있어? 너 도대체 뭐야?"

"명심해. 내 이름은 룩이야. 너만 전사가 아니야. 나도 숲속을 지키는 코뿔소 전사야. 오랫동안 여행을 떠나 있어서 나를 만나지 못했을 뿐이야. 꽃을 망치고 나비를 먹는 너 따위 멍청이와는 두 번 다시 말하고 싶지 않아. 당장 나가렴."

"나비가 우리에게 한 일을 잊지 마! 우리의 눈을 멀게 하거나 약하게 한 존재라고!"

"그건 나비가 한 일이 아니야. 사냥꾼과 마법사들의 짓이라고."

"나비도 같은 편이야. 명심해! 내 눈에 나비가 보이면 다 먹어 치울 거라고."

"그래, 이 멍청이야. 아니, 식충아. 빨리 꺼져 버려."

뿌야가 룩의 정원을 떠나와 집으로 돌아왔습니다. 아직도 심장이 쿵쿵 뛰고 있었습니다.

뿌야는 머리끝까지 화가 났습니다. 뿌야가 찬물을 끼얹어 보았지만, 이상하게 화가 가라앉지 않았고 물속에 룩의 모습이 비치기 시작했습니다. 룩의 아름다운 모습이 자꾸만 떠오르기 시작했습니다.

뿌야는 멍하니 룩의 얼굴을 쳐다보다가 갑자기 나비를 떠올렸습니다. 뿌야는 나비를 힘껏 내리쳤고, 룩의 모습도 물속에서 사라져 버렸습니다.

다음 날 아침, 뿌야는 나비를 찾아 숲속을 이리저리 돌아다녔습니다. 그동안 나비가 보이지 않았는데 룩이 돌아온 후부터는 숲속에 나비들이 하나둘 보이기 시작했습니다.

들려오는 소식에 의하면, 룩이 마을 숲 곳곳에 꽃씨를 뿌리고 꽃을 키우기 시작했다고 합니다. 마을 동물들은 뿌야의 편을 들어주었습니다.

하지만 일부는 꽃은 나비만큼 위험하지 않다고 주장했습니다. 그러자 꽃이 피면 나비가 날아오기 때문에 꽃을 뽑아 버려야 한다고 목소리를 높였습니다. 그들은 룩의 눈을 피해 꽃들을 뽑아 버리기 시작했습니다.

하지만 그동안 꽃을 보지 못했던 코뿔소 아가씨들과 마을 동물들 중 일부는 꽃의 아름다움과 향기에 넋을 빼앗겼습니다.

며칠이 지난 후, 뿌야가 집에 돌아왔을 때 뿌야의 엄마는 식탁 위에 백합을 한가득 꽂아 놓았습니다. 집 안에는 백합 향기가 감돌았습니다.

"엄마! 당장 그 꽃들을 갖다 버리세요! 나비가 날아올 거예요. 나비가 우리에게 한 일을 잊어서는 안 돼요!"

"뿌야, 이 꽃은 너무 아름답구나. 나비는 미운 존재이지. 하지만 이 백합은 네 아빠가 나에게 사랑을 고백했을 때 전해 주었던 꽃이란다. 나비는 미워하되 꽃은 미워하지 말자꾸나. 이 백합을 보니 돌아가신 네 아빠가 생각나는구나. 정말 그립구나."

뿌야는 백합을 바라보는 엄마 코뿔소를 가만히 쳐다보았습니다. 그리고 날이 밝으면 숲속 마을에 혼란을 가져온 룩을 찾아가기로 했습니다.

다음 날 아침, 뿌야가 룩을 찾아갔을 때 룩은 숲속의 훈련장에서 훈련 중이었습니다. 룩은 앞발을 날렵하게 들어 바위들을 넘는 훈련에 몰두하여 뿌야를 보지 못했습니다. 룩의 몸가짐은 날렵하였습니다.

그다음 룩은 강에 자기 몸을 맡겨 수영하기 시작했습니다. 강을 헤엄치는 룩은 한 마리 고래처럼 유연했습니다. 룩은 강물 속에서 잠수하기도 하며 높은 벼랑에 올라 다이빙하기도 했습니다.

뿌야는 숲속 나무들 사이에 숨어 오랫동안 룩을 바라보고 있었습니다. 룩은 아름답고 강인해 보였습니다. 뿌야의 심장이 다시 쿵쿵 뛰기 시작했습니다. 달리기를 하지 않았는데도 심장은 쿵쿵거려 온 숲속에 울려 퍼지는 것만 같았습니다.

문득 코가 간지러워 보니, 하얀 나비 한 마리가 뿌야의 뿔 위에 앉아 있었습니다. 뿌야는 입을 벌려 나비를 먹어 버렸습니다. 룩이 어디선가 뿌야에게 소리를 칠 것 같아 뿌야는 서둘러 자리를 떠났습니다. 서쪽으로 해가 지고 있었습니다.

강물 속에서 룩은 고개를 들었습니다. 석양이 강물도 숲속도

붉게 물들이고 있었습니다. 룩은 아침부터 뿌야가 자신을 바라보고 있음을 알았습니다. 화가 잔뜩 난 얼굴로 뿌야가 자신을 바라보고 있음을 알았습니다.

하지만 이상하게 뿌야는 자신에게 다가오지 않았고, 숲속 나무 사이에서 걸음을 멈추었습니다. 그리고 자신을 바라보기만 했습니다. 그러더니 석양이 질 무렵, 나비 한 마리를 잡아먹고는 숲속에서 떠났습니다.

"빌어먹을 자식! 나비를 잡아먹으려고 기다리고 있었던 거야. 겨우 나비 한 마리를 먹으려고 온종일 기다렸던 거야. 식충이 뿌야…."

룩은 이상하게 뿌야가 자신에게 말을 걸지 않고 가 버리자 화가 났습니다. 빨갛게 달아오른 자신의 얼굴이 석양 때문이라고 생각했습니다.

룩이 심어 놓은 꽃이 피자, 벌들이 날아왔습니다.

숲속 코끼리들은 벌을 무서워했습니다. 룩이 벌꿀을 모아 쿠키를 만들어 선물했습니다. 코끼리들이 벌에 쏘이지 않도록 잘 관리하기로 약속했습니다. 코끼리들에게 꽃으로 된 목걸이를 만들어 선물했습니다. 코끼리들은 아름다운 목걸이를 건 채 돌아갔습니다.

룩이 숲속 아누이 마을 동물들의 결혼식에도 꽃을 사용하도록 선물하였습니다. 기린의 신부는 머리에 화환을 걸고 식장에 입장하였습니다. 나무는 꽃으로 장식되었습니다.

나비와 벌들이 날아 들어왔지만, 동물들은 기린 신부의 아름다운 모습에 취해 상관하지 않았습니다. 식탁을 장식한 꽃들을 염소가 먹어 치우는 바람에 룩이 바쁜 하루였습니다.

룩이 가꾸어 놓은 숲속의 정원은 나날이 아름다워졌습니다. 룩은 정원을 가꾸는 동시에 전사로서 연습도 빼먹지 않고 열심히 참가했습니다.

뿌야는 기린 결혼식에 참가하여 룩을 만났지만 말을 걸 수가 없었습니다. 결혼식장에는 많은 동물이 참가하였고 나비가 날아다녔지만, 예전처럼 뿌야는 나비를 먹어 버릴 수가 없었습니다.

룩이 뿌야 옆으로 다가와 속삭였습니다.

"뿌야. 나비를 먹고 싶어 참을 수 없겠지만 제발 이 결혼식을 망치지 말아 줘. 나비 말고도 먹을 수 있는 것은 많아."

뿌야가 룩을 노려보았습니다. 룩은 장난스러운 웃음과 함께 한쪽 눈을 찡그렸습니다.

갑자기 뿌야의 심장이 다시 뛰기 시작했습니다. 쿵쿵…. 뿌야는 그 심장 소리가 룩에게 들릴까 봐 고개를 돌렸습니다. 나비

한 마리가 뿌야의 눈에 들어왔습니다.

룩이 다시 뿌야를 쳐다보았습니다.

"뿌야, 나비는 잘못이 없어. 나비에게 마법을 부린 건 마법사야. 우리가 조심해야 하는 상대는 마법사와 사냥꾼이야. 네가 먹어 치운 나비들을 생각해 봐. 얼마나 불쌍한지. 자, 이것을 먹어 봐."

룩이 뿌야에게 사과를 하나 건네주었습니다. 뿌야는 룩이 건넨 사과를 받아 들고 아무 말 없이 먹기 시작했습니다. 룩은 다시 백합을 건네주었습니다.

"이건 엄마 갖다 드려. 너의 엄마, 백합을 좋아하는 것은 알지?"

"그 정도는 나도 알아. 네가 온 후로 마을이 변했어. 뒤죽박죽 되었다고."

"너도 변했으면 좋겠다."

백합을 물고 뿌야가 집에 돌아왔습니다. 돌아오는 내내 노란 나비가 뿌야를 따라왔습니다. 뿌야는 머리를 흔들었지만, 나비를 먹고 싶지는 않아졌습니다.

뿌야는 백합꽃 향기에 흠뻑 취해 있었습니다. 어쩌면 그 향기는 룩에게 나는 향기인 것 같았습니다.

사냥꾼들이 마법사 룬타를 다시 찾았습니다.

다시 사냥꾼들은 나비를 이용하여 코뿔소들의 눈을 멀게 하고 싶어졌습니다. 하지만 마법사들이 한번 사용한 마법은 다시 사용할 수 없다는 것을 알게 되자 몹시 실망하였습니다. 코뿔소 전사들의 힘이 막강하였기 때문에 쉽게 접근할 수도 없었습니다.

사냥꾼들과 마법사 룬타는 머리를 맞대고 계략을 꾸미기 시작했습니다. 마법사 룬타가 사냥꾼의 귀에 무엇인가 속삭이기 시작했습니다.

사냥꾼들의 입가는 웃음으로 일그러지기 시작했습니다.

뿌야는 룩의 정원 앞에 서 있었습니다. 정원에는 여러 가지 꽃들이 피어 있었습니다. 백합을 비롯하여 장미, 수국, 수선화, 제라늄이 앞다투어 피어 있었습니다. 뿌야가 이름을 알 수 없는 꽃들도 많았습니다.

벌은 윙윙거리며 날아다녔고, 나비도 뿌야 주변에서 날아다니기 시작했습니다. 해가 석양으로 넘어가자 정원은 너무나 아름답게 보였습니다. 뿌야는 이제껏 본 적 없는 아름다운 풍경에 넋을 잃고 바라다보고 있었습니다.

꽃이 사라졌던 숲속 마을에 다양한 꽃들이 피어 있었습니다. 룩에게 꽃씨를 얻은 다른 동물들이 숲 곳곳에 꽃을 심기 시작하였고, 꽃이 사라졌던 마을에 꽃향기가 가득하였습니다.

"뿌야, 아름답지? 이제 나비가 왜 필요한지 알겠어?"

뿌야가 룩을 바라다보았습니다. 지는 석양을 받아 룩은 아름답게 빛나고 있었습니다. 뿌야는 룩에게 문득 꽃 한 송이를 건네주고 싶었습니다. 하지만 왠지 마음을 들켜 버릴 것 같아 용기를 낼 수가 없었습니다.

"뿌야, 너는 무슨 꽃이 제일 맘에 들어? 이 꽃은 수선화라고 해. 어쩐지 너를 닮은 것 같아서 주고 싶어."

룩이 수선화를 뿌야에게 건넸습니다. 뿌야는 얼떨결에 수선화를 받아 들었습니다.

"오늘은 내가 너에게 주는 선물이야. 다음에는 네가 나에게 줄 차례이다. 알았지? 그리고 나와 약속해 줘. 이제 나비는 그만 먹겠다고. 나비를 먹지 않는다면 나도 너와 친구가 될 수 있을 거 같아. 내일 전사들의 훈련장에서 만나자."

뿌야가 고개를 끄덕였습니다.

"알았어. 이제 나비는 먹지 않겠어. 꽃에 대해서는 네가 나보다 더 잘 알겠지만, 훈련장에서는 나를 이길 수 없을 거야. 내일 만나자."

코뿔소 전사들의 훈련장에는 이미 많은 코뿔소가 모여 훈련

중이었습니다.

숲속 아누이 마을을 지키는 회색 코뿔소들은 매우 용감하였습니다. 그들은 시속 100㎞가 넘는 속도로 무리를 지어 달릴 수 있었습니다.

사냥꾼들은 아누이 코뿔소들이 달려들자 총을 마구 쏘았으나 갑옷처럼 튼튼한 피부에 총알은 튕겨 나갔습니다. 아누이 코뿔소들은 사냥꾼들이 타고 온 지프 차량과 트럭을 뿔로 받아 날려 버렸습니다.

도망친 사냥꾼들이 아누이 코뿔소를 죽이고 그들의 뿔을 얻으려면 다른 계략이 필요했습니다.

정글 깊숙이 숨어 버린 아누이 마을 코뿔소들은 쉬지 않고 마을을 지키기 위해 훈련을 하고 있었습니다.

뿌야는 코뿔소 군단의 맨 앞에서 코뿔소들을 지휘하고 있었습니다. 아누이 코뿔소 군단의 지휘관은 몇몇 코뿔소들과 사냥꾼과 마법사들의 동태를 살피기 위해 몇 개월째 정찰을 나가고 없었습니다.

뿌야의 지휘에 맞추어 코뿔소들은 앞발을 들어 바위를 굴리고 있었습니다. 바위를 굴려 성벽을 쌓아 올리는 일을 하고 있었습니다. 사냥꾼들이 넘어오지 않도록 돌을 올리기 위해서였습니다.

바위 굴리기 훈련이 끝나자, 강물에 오랫동안 잠수하는 훈련이 시작되었습니다. 코뿔소들은 깊숙이 잠수하여 헤엄치다가 구령에 맞추어 코뿔소의 뿔을 세워 들었습니다. 코뿔소의 몸통은 물속에 잠겨 있었고 뿔만이 보여서 멀리서 보면 물 위에 나무들이 서 있는 것처럼 보였습니다.

아누이 코뿔소들은 훈련이 끝난 후 진흙에서 몸을 굴려 피로를 풀며 하루를 보내곤 했습니다.

룩은 언덕에서 코뿔소 군단의 훈련을 지켜보고 있었습니다. 룩은 어려서부터 아누이 마을을 떠나 자랐고 여행 중이었기에 아누이 코뿔소 군단 소속은 아니었습니다. 하지만 룩의 아버지는 아누이 군단 소속이었기에 어려서부터 룩을 훈련시켰습니다.

아누이 숲속 마을에 일어났던 옛일을 룩에게 들려주고 들려주며 사냥꾼과 마법사와 나비를 조심할 것을 가르쳐 주었습니다. 하지만 룩은 나비는 희생양이라고 반박하였습니다. 룩의 아버지는 화를 내었지만, 어머니는 이해해 주었습니다.

어머니는 나비나 벌이 없으면 꽃이 사라질 것이라고 경고했습니다. 아누이 마을에 꽃이 없어진 것을 슬퍼하였습니다.

"당신이 나에게 준 장미를 생각해 봐요. 그때 그 장미가 없었다면 나의 마음을 얻지 못했을 거예요. 나비는 이용당한 가엾은 존재예요. 사냥꾼들과 나비를 이용한 마법사들이 나쁜 것이지, 나비에게는 잘못이 없어요."

"우리의 시력을 보라고! 독수리 같았던 우리의 시력은 이제 전설이 되고 말았어. 전사들에게 앞이 보이지 않거나 눈이 나쁘다는 것이 어떤 것인지 몰라서 그래?"

"하지만 마법사 룬타가 건 주문은 오래가지 않았잖아요. 우리의 시력도 차츰 좋아지고 있어요. 시력은 약해졌지만 우리는 청각과 후각이 발달할 수 있었어요! 나비가 없으면 꽃도 존재할 수 없고, 꽃이 있어야 열매를 맺고, 그 열매들이 번져 나가야 숲을 이룰 수 있어요. 숲이 없으면 우리도 존재할 수가 없다고요!"

"우리가 여기까지 숨어 들어온 원인은 나비에게 있어. 나비가 없으면 벌이 있잖아. 벌 친구들이 있으면 그것으로 만족할 수 있어."

"벌만으로는 안 된다고요! 나비도 우리에게 필요해요! 아누이 마을에 꽃이 사라지고 있어요."

룩의 어머니는 룩에게 아누이 마을을 지키기 위해서는 사냥꾼과 마법사에 싸우는 것뿐만 아니라 꽃을 심고 나비가 날아오고 열매를 맺어 그 씨앗들이 날아가 다시 자라나 숲 전체가 풍성해져야 함을 가르쳤습니다.

그리고 룩이 꽃씨를 얻어 올 수 있도록 기나긴 여행을 보냈습니다.

룩은 언덕 위에서 뿌야를 내려다보며 뿌야도 자신도 아누이 마을을 지키고 싶은 마음은 같은 것이라고 생각했습니다. 다만 서로의 방법이 다를 뿐이라고, 좀 더 서로의 마음을 이해하는 데 시간이 필요할 뿐이라고 생각했습니다.

언덕 위에서 내려다본 아누이 숲속 마을은 아름다웠습니다. 룩이 그동안 가꾸어 놓은 꽃들은 집집마다 피어 있었고 나비와 벌이 날아다니고 있었습니다. 예전처럼 뿌야가 나비를 먹는 일도 줄어들고 있었습니다.

나무 위의 꽃들은 열매를 맺을 수 있을 것 같았고, 그 씨앗들이 멀리 퍼져 땅에 떨어져 자란다면 숲은 더욱 풍요로워질 것입니다. 그곳이야말로 아누이 숲속 마을 동물들을 보호하는 좋은 방법이라고 룩은 오랫동안 생각하고 있었습니다.

뿌야는 온종일 룩을 기다리고 있었습니다. 부지휘관으로 코뿔소 군단을 지휘하고는 있었지만, 머릿속으로는 온통 룩이 모습을 나타내기를 기대하고 있었습니다. 룩에게 자신의 멋진 모습을 보여 주고 싶었습니다.

처음 룩을 만난 날 나비를 먹기 위해 룩에게 돌진했던 일이 떠오르자 자신도 모르게 웃음이 나왔습니다. 사실 나비를 먹는 일은 그리 유쾌하지 않았습니다. 나비의 겁에 질린 날갯짓이 입안에서 느껴질 때면 그것이 싫어 뿌야는 꿀꺽 삼켜 버리곤 했습니다.

룩이 가꾸어 놓은 꽃을 바라보며 아누이 마을 동물들이 행복해하자 뿌야도 행복했습니다. 룩이 마을에 나타난 후 아누이 마을에 알 수 없는 평안함이 찾아온 것만 같았습니다. 집 안에 가득 번지는 백합 향도 나쁘지 않았습니다.

룩에게 받은 수선화를 오랫동안 쳐다보고 있자, 뿌야의 어머니가 말했습니다.

"뿌야, 설마 그 아름다운 수선화를 먹을 생각은 아니겠지? 나비에서 꽃으로 식습관이 바뀐 것은 아니지?"

"아! 어머니, 농담 좀 그만하세요. 정말 이 수선화를 먹어 치울 수도 있어요."

"뿌야, 수선화의 꽃말이 무엇인지 아니?"

"저는 처음 보는 꽃인데 어떻게 알겠어요."

"그 꽃을 건네준 이가 누구니?"

"몰라도 돼요."

"혹시 룩이니? 그 꽃말은… 아니다, 네가 찾아보렴."

뿌야는 방으로 들어와 수선화에 대한 꽃말을 찾아보고 싶었습니다. 하지만 아누이 마을에 꽃에 대해 아는 이도 자료도 없어 그것을 찾아내기란 쉽지 않았습니다. 밤새 자료를 뒤적거렸지만 찾을 수가 없었습니다.

다음 날 아침, 뿌야의 휑한 얼굴과 붉게 충혈된 눈을 보고 뿌야의 어머니가 웃었습니다.

"수선화를 먹지는 않겠구나. 뿌야, 이제 꽃에 대해 관심을 좀 가지게 되었니? 너는 꽃과 나비라면 질색하잖아."

"이제 그만 좀 놀리세요!"

훈련장을 향하는 뿌야의 등 뒤로 뿌야의 어머니가 소리쳤습니다.

"수선화의 꽃말은 어리석음, 자존심, 자만심, 나르시시즘이란다. 하하하! 네가 룩에게 한 방 먹은 거 같구나."

뿌야는 룩을 만나면 자신에게 왜 수선화 따위를 주었는지 따지리라고 마음을 먹었습니다. 꽃에 대해 자신이 아는 것이 없지만 룩이 나타나면 강인한 전사의 모습을 보여 주겠다고 생각했습니다.

'나를 자존심과 자만심으로 똘똘 뭉친 존재라고 생각하다니! 처음에는 식충이라고 생각하더니, 이젠 자기 자신만을 사랑하는 나르시시즘이라고? 당장 수선화를 먹어 치울 거라고!'

그러자 한쪽 눈을 찡긋하던 룩의 모습이 떠올랐습니다. 다시 심장이 쿵쿵거리기 시작했습니다. 이상하게 룩의 모습만 떠올리면 심장이 쿵쿵거렸습니다.

훈련이 끝나는 대로 심장에 대해 잘 알고 있는 친구 코끼리 린을 찾아가 보기로 했습니다. 룩도 심장도 자꾸만 신경이 쓰였습니다.

코끼리 린은 진료 중이었습니다.

기린의 결혼식 날 코끼리 린은 뿌야가 룩만을 바라보고 있음을 눈치챘습니다. 린은 뿌야가 나비가 날아다니는 데도 잡아먹지 않는 것을 이상하게 생각했습니다. 그리고 곧 뿌야가 룩만을 바라보고 있었음을 눈치챈 것이었습니다.

"린, 내 심장이 이상해. 자꾸 쿵쾅거려서 터질 것만 같아. 아무래도 이러다가 심장마비로 죽는 거는 아닌지 모르겠어."

"네 증상에 대해 자세히 말해 주겠니? 아누이 마을이 곧 장례식을 준비할 수도 있겠구나."

"자꾸 농담하지 말고."

"룩에게 가서 장례식에 필요한 꽃을 달라고 해야겠는데. 나비들은 이제 살판이 났겠구나. 이제 나비의 세상이 오는 거구나. 뿌야의 시대는 가고."

"제발, 린! 그만 좀 하라고. 내 심장에 분명 문제가 생겼다니까."

"뿌야, 심장마비는 너처럼 튼튼한 전사에게 오지 않아. 네 심장은 아무 문제가 없어. 평상시에도 쿵쾅거리니?"

"아니야, 그건."

"그럼 언제지?"

"있지. 그게 쿵쾅거릴 때가 있어. 누구를 만나거나 생각할 때면…."

"오호! 이거 흥미진진한데. 그게 누구인데? 아누이의 전사에게 심장마비를 일으키는 상대가 누구일까?"

"그건… 말할 수 없어."

뿌야가 룩을 떠올리자 다시 심장이 쿵쾅거리기 시작했습니다. 코끼리 린이 뿌야를 기다란 코로 툭 쳤습니다.

"친구. 룩이겠지? 기린 결혼식 날 네가 룩을 바라보는 것을 봤어. 룩이 쳐다보면 넌 재빨리 아닌 척했지만 온종일 룩을 쳐다보고 있었어. 그런데 룩도 너를 바라보고 있더라. 그 심장의 쿵쾅거림은 네가 건강하다는 증거야. 뿌야, 넌 사랑에 빠졌어. 내가 보기에 룩도 너를 사랑하는 것 같던데."

"그럴 리가 없어! 룩은 나를 식충이 나르시시즘에 취한 얼간이 정도로 생각한다고!"

"그건 네가 룩의 정원에 날아든 나비를 시도 때도 없이 잡아먹으려고 했잖아. 룩에게 찾아가서 사과하고 네 마음을 전해 보렴."

코끼리 린에게 돌아온 후 뿌야는 며칠 동안 잠을 이루지 못했습니다. 뿌야는 룩을 처음 만난 날부터 자신이 룩을 사랑하게 되었음을 알았습니다. 그런데 룩의 마음은 알 수가 없었습니다.

뿌야가 다시 룩을 찾은 것은 그로부터 더 며칠이 지난 후였습니다. 뿌야는 룩의 정원에 서 있었습니다. 룩의 정원에서 데이지 한 송이를 찾아냈습니다. 그리고 조심스럽게 데이지 한 송이를 꺾었습니다.

"이게 누굴까? 뿌야. 또 나의 정원을 망치려고 온 것은 아니겠지?"

"아니야. 그게 아니라고!"

"그럼 다시 나비 생각이 간절해진 거야?"

"이제 더 이상 나비는 먹지 않아. 너와 약속한 이후 한 마리도 먹은 적 없어."

뿌야가 진지하게 대답했습니다. 머쓱해진 룩이 얼굴을 붉히며 다시 물었습니다.

"그러면 다시 온 이유가 뭐야?"

"그건. 그래, 훈련장에 오기로 한 약속은 왜 안 지켰어? 그게 궁금했어."

뿌야는 데이지 한 송이를 얼른 감추고 말했습니다.

"생각할 것이 좀 많았어. 뿌야."

뿌야가 룩에게 다가왔습니다.

"너는 그동안 왜 안 보였어? 전사의 훈련장에 계속 보이지 않던데…."

"거기에 갔었어?"

"응….".

"심장이 좀 안 좋았어."

"정말? 많이 아팠어?"

"아니야. 다 정상이래. 린이 말했어. 걱정하지 말래. 아주 건강하다고 했어."

"그럼 다행이다."

"너에게 줄 것이 있어. 꽃에 대한 자료가 하나도 없어서 자료를 찾으러 며칠 다른 곳으로 여행을 떠났다가 돌아왔어."

뿌야가 데이지 한 송이를 룩에게 내밀었습니다. 놀란 룩의 눈이 동그랗게 커졌다가 수줍게 꽃을 받아들였습니다.

"뿌야, 네가 꽃에 대한 자료를 찾아다니다니…. 데이지의 꽃말을 알고 있구나. 네 마음을 받아 줄게."

뿌야가 건넨 데이지꽃을 룩은 뿔에 꽂았습니다. 데이지의 꽃말은 '평화, 화해'였습니다.

마법사 룬타는 아누이 숲속 마을의 위치를 찾기 위해 처음에는 꽃이 없거나 나비가 없는 곳을 찾아다녔습니다.

마법사 룬타는 아누이 코뿔소 전사들이 나비를 먹어 치우는 것을 알고 있었습니다. 아누이 코뿔소 전사들의 뿔에 미쳐 있는 사냥꾼들은 마법사 룬타에게 더 높은 금액을 제시했습니다.

마법사들은 한 번 걸었던 마법은 다시 쓸 수 없었기에 더 이상 나비를 사용할 수는 없었습니다. 사냥꾼들은 마법사 룬타에게 방법을 찾아내지 않으면 마법사들을 죽일 수도 있다고 경고하기 시작했습니다.

마법사 룬타가 아누이 마을을 찾기 위해 숲의 동물들을 찾아 회유하였지만, 그들은 아누이 숲속 마을의 위치를 알지 못했습니다. 그런데 마법사 룬타에게 기회가 생각보다 쉽게 찾아왔습니다.

아누이 지휘관과 전사들이 마법사가 있는 곳을 염탐하러 스스로 찾아온 것이었습니다. 마법사 룬타가 파 놓은 깊은 구덩이에 아누이 마을 코뿔소 지휘관과 전사들이 빠져 있었습니다.

"아누이 지휘관들이 제 발로 여기를 찾아오다니!"

마법사 룬타는 아누이 지휘관과 전사들을 깊은 동굴에 가두어 두었습니다. 그리고 잡힌 코뿔소 전사들을 갖은 방법으로 고문하기 시작했습니다.

마법사 룬타는 코뿔소 전사들의 뿔을 부러뜨렸습니다. 그리고 그 뿔들은 사냥꾼들에게 전해졌습니다.

"아누이 사령관! 뿔이 없으니 정말 형편없는 모습이군. 가엾은 나비들만 먹더니 이제 힘을 쓸 수가 없게 되었나. 아, 불쌍한 나비들이여! 우리에게 덤비지 못하고 어리석게 나비만 먹다니. 이제 너희들이 있던 곳을 아는 건 시간문제지. 우리에게 너희들의 냄새를 기억할 수 있는 사냥개 뮬라가 있다는 것을 잊지 마. 뮬라를 데려와."

피를 흘리고 있는 아누이 사령관에게 마법사 룬타가 히죽거리며 말했습니다.

"마법사 룬타! 네가 이 숲속에서 행한 일을 생각해 봐. 네가 사냥꾼들에게 우리를 넘기는 바람에 사냥꾼들은 우리의 뿔을 찾기에 혈안이 되어 있어. 인간들의 탐욕은 끝이 없어. 점점 더 많은 것을 요구하고 희귀한 것을 찾고 있어. 숲은 파괴될 거야. 숲이 파괴되면 결국 우리 모두 다 멸망하게 되어 있어."

아누이 사령관은 가까스로 목에 힘을 주며 이어 말했습니다.

"마법사들의 힘도 숲에서 나온다는 것을 잊은 것은 아니겠지? 네가 나비를 이용하는 바람에 우린 나비를 잡아먹게 되었지. 나비가 날아오지 않자 숲에 꽃들이 사라졌어. 꽃들이 사라지자 나무들도 점차 줄어들게 되고 나무가 없는 숲에서 우리 동물들은 살아갈 수가 없어. 숲이 사라지면 결국 마법사들과 인간들에게도 좋은 것이 없다고!"

"훈계 따윈 집어치워! 아누이 마을에서나 하라고. 사냥개 뮬라가 너희들이 있는 곳을 찾아낼 거야."

"네가 아누이 마을을 찾아낸다고 해도 아누이 마을에는 뿌야가 있어. 뿌야와 마을을 지키는 전사들이 있다고. 코뿔소 전사들이 마을을 지켜 낼 거야."

"으하하. 그래서 그 잘난 코뿔소 전사들이 나의 마법에는 쉽게 넘어가 버렸지. 난 이제 두 번째 마법을 쓸 참이야."

"마법사 룬타! 넌 세 번의 마법밖에는 쓸 수 없다는 걸 알아. 제발 너의 마법을 사냥꾼을 위해 사용하지 말고, 부디 숲과 동물들을 위해 사용해 줘."

마법사 룬타와 사냥개 뮬라가 숲속 아누이 마을에 도착한 것은 저녁 무렵이었습니다.

마법사 룬타는 아누이 마을을 보고는 깜짝 놀랐습니다. 아누이 마을에 꽃이 사라졌다고 생각했는데 막상 도착해 보니 그곳은 꽃들이 가득 피어 있었습니다. 나비와 벌들이 자유롭게 날아다니고 있었습니다.

열매를 맺은 나무의 꽃들은 씨앗을 바람에 날려 씨앗들은 멀리 날아가 땅에 떨어지고 있었습니다. 이미 땅에 떨어진 나무의 씨앗들은 싹이 나서 자라나고 있었습니다. 숲은 더할 나위 없이 풍성하고 아름다워져 있었습니다.

코뿔소 전사들은 마을에는 보이지 않았습니다. 훈련 중인 소리만이 메아리가 되어 들려왔습니다.

'아누이 동물들이여, 숲의 정령이었던 나를 초대하지 않고 내 아우를 초대했지. 너희들을 지키기 위해 숲에서 나는 불을 끄고 있었는데. 내 망토는 불타 버리고 내 몸은 화상으로 뒤덮였을 때 너희들은 축제를 열고 있었어. 그리고 나 대신에 내 아우를 초대해서 숲을 보호해 달라고 했지. 나는 아누이 마을을 파괴해 버릴 거야.'

마법사 룬타는 문득 아누이 사령관이 했던 말이 생각났습니다. 나비가 사라지자 꽃이 피지 않았고, 꽃이 피지 않으면 결국 나무들도 살 수가 없으며, 나무들이 없으면 숲은 사라지고 아누이 마을도 사라지게 될 것이라던 그의 말을.

'바로 그거야. 저 꽃에 마법을 걸자.'

그 후 룬타는 며칠 동안 아누이 마을에 숨어 때를 기다렸습니다.

마법사 룬타가 숨어서 룩의 정원을 살폈습니다. 코뿔소 전사 뿌야가 룩을 바라보며 룩과 함께 정원을 가꾸는 모습이 눈에 띄었습니다.

뿌야와 룩의 주변에는 나비와 벌들이 날아다녔고 나비가 뿌야의 뿔에 앉기도 하였지만, 뿌야는 신경을 쓰지 않는 눈치였습니다. 뿌야가 나비에게 무언가를 말하면, 나비가 날아가 룩에게 전달하였습니다. 룩이 다시 나비에게 무언가를 속삭이자 나비가 뿌야에게 날아갔습니다. 그리고 둘은 마주 보며 한참을 깔깔 웃었습니다. 행복한 연인의 모습이었습니다.

뿌야와 룩이 다시 전사들의 훈련장으로 떠나자, 마법사 룬타가 룩의 정원에 다가갔습니다. 룬타는 룩의 정원을 향해 긴 주문을 외우기 시작했습니다. 마법사 룬타는 자신이 사용할 수 있는 두 번째 마법을 룩의 정원에 사용했습니다.

마법사 룬타는 아누이 마을을 떠나 사냥꾼들을 찾았습니다. 룬타의 뒤에는 무서운 사냥개 뮬라가 따르고 있었습니다.

코뿔소 전사 뿌야는 룩을 사랑하게 되었습니다. 룩은 아누이 마을에 활기와 평안을 가져다주었습니다.

아누이 동물들이 사는 집 곳곳에는 계절에 따라 아름다운 꽃들이 피어나고 있었습니다. 뿌야의 집 앞마당에는 백합이 피었습니다. 뿌야의 어머니는 백합을 보며 행복해했습니다. 코끼리는 해바라기를 좋아했고, 해바라기 씨는 원숭이들에게 선물했습니다. 원숭이들은 해바라기 씨를 까먹으며 좋아했습니다.

동물들의 결혼식에는 꽃이 사용되었고, 장례식에도 꽃이 필요하게 되었습니다. 사랑에 빠진 코뿔소 전사들은 꽃을 가지고 코뿔소 아가씨들에게 청혼하였습니다. 뿌야도 내년 봄에 룩에게 청혼하고 싶었습니다.

코뿔소 전사 뿌야가 룩의 정원에서 장미를 한 송이 찾아냈습니다. 이제 룩에게 청혼을 할 것입니다.

아누이 마을은 너무나도 평온했습니다. 아누이 숲속 마을 동물들은 누구보다 룩을 좋아하고 있었습니다. 이제 룩은 아누이 마을에 없어서는 안 될 존재였습니다. 마법사 룬타와 사냥꾼들에게 마을은 안전해 보였습니다.

룩의 집 문 앞에서 뿌야는 다시 심장이 쿵쾅거리기 시작했습니다. 처음 룩을 만난 날처럼 심장이 쿵쾅거렸습니다. 잠시 후, 룩이 나타났습니다.

"안녕, 뿌야! 날 기다리고 있었구나."

"룩, 나의 심장에 문제가 있나 봐."

"네 심장은 튼튼하다고 코끼리 린이 말했다고 했잖아? 뿌야, 많이 아픈 거야?"

룩이 걱정스러운 눈으로 뿌야를 바라보았습니다.

"룩, 내 심장은 너 때문에 쿵쾅거려. 너를 만난 이후로 항상 쿵쾅거렸지. 내 심장을 치료해 줄 사람은 너밖에 없다고 린이 말했어. 너를 사랑해서 심장이 쿵쾅거리는 거라고. 나는 너를 줄곧 사랑해 왔어. 나와 결혼해 줘."

코뿔소 전사 뿌야가 룩에게 장미를 건넸습니다.

"코뿔소 전사 뿌야. 한 가지만 약속해 줘."

"말해 봐."

"나도 널 사랑해. 앞으론 평생 나비를 먹지 않겠다고. 무슨 일이 있어도 아누이 마을엔 꽃을 심고 가꾸어서 숲을 가꾸어야 한다고. 그것이 우리가 해야 할 일이야. 참, 한 가지 더 있지. 마법사 룬타와 사냥꾼들에게 아누이 마을을 빼앗기지 않는 거."

룩이 장미를 건네받고 그 향기를 맡았습니다.

"뿌야, 너와 결혼할게."

그 순간이었습니다. 말을 마치자마자 갑자기 룩이 쓰러져 버렸습니다.

"룩!"

뿌야가 룩을 안았습니다. 룩은 고통스럽게 뒹굴었습니다. 뿌야가 룩을 안고 진정시키려 하였지만, 룩은 정신을 잃고 쓰러졌습니다. 갑자기 쓰러진 룩의 몸이 점점 작아지더니 나비가 되어 버렸습니다.

"룩!"

뿌야의 비명 소리가 깊이 잠든 아누이 숲속 마을을 깨우고 있었습니다. 룩은 나비가 되어 날아가 버렸습니다.

"룩!"

뿌야는 나비를 따라 미친 듯이 숲을 헤맸습니다.

"아! 마법사 룬타의 짓이구나! 룬타 너를 가만두지 않겠어."

그리고 나비가 된 룩을 바라보며 외쳤습니다.

"룩! 너를 돌려놓을게. 너를 찾아서 마법에서 반드시 풀려나게 할게."

숲속에서 뿌야의 비명 소리는 계속되었습니다.

다음 날 아침, 뿌야는 아누이 마을에 나타나지 않았습니다. 룩의 모습도 보이지 않았습니다.

아누이 동물들은 갑자기 사라진 뿌야와 룩이 잠시 여행을 떠났다고 생각했습니다. 그런데 아누이 마을에 있던 꽃들이 시들기 시작했고 죽어 있었습니다.

"이상한 일이야. 뿌야와 룩이 사라진 이후 꽃들이 죽기 시작하는군."

"무슨 일이 생긴 것은 아닐까?"

꽃들이 죽기 시작하자 나비들도 하나둘 아누이 마을에서 사라지기 시작하였습니다.

아누이 마을은 갑자기 생기를 잃어버렸고, 짙은 고요함만이 마을을 짓누르고 있었습니다.

마법사 룬타는 사냥꾼들을 찾았습니다.

"이제 때가 왔어. 아누이 마을에 코뿔소 사령관도 후계자 뿌야도 없어. 아마 뿌야는 나비로 변한 룩을 찾아서 온 숲을 헤매고 있을 거야. 사령관을 잃은 코뿔소 군단은 우왕좌왕할 테지. 우리가 마을을 습격할 때가 된 거야. 코뿔소 뿔에 오늘 밤 승리의 건배를 하자고. 하하하."

"대단한 우리의 친구, 마법사 룬타. 도대체 어떤 마법을 쓴 거야?"

"별거 아니었어. 내가 아누이 마을에 가서 정탐하니 뿌야가 룩에게 완전히 빠져 있더군. 머지않아 뿌야가 룩에게 청혼할 것은 분명했어. 그래서 그 장미에 장난을 친 거야. 청혼받는 가장 행복한 순간이 가장 비극적인 순간으로 뒤바뀔 수 있도록 한 거지."

"와우! 대단한 마법사 룬타. 그러면 룩은 영영 나비로 살아가는 건가?"

"내 마법이 풀리지 않는다면 영원히. 뿌야는 나를 찾아와 무릎을 꿇고 빌게 될 거야."

"내일이야. 우리가 아누이 코뿔소 전사들의 뿔을 얻을 수 있는 날이."

사냥꾼들은 밤새 코뿔소들의 갑옷을 뚫을 수 있게 특수 제작된 총들을 정비하였습니다.

아누이 마을에 사냥꾼들이 도착한 것은 새벽 무렵이었습니다. 모두 깊이 잠든 무렵이었습니다.

물라를 선두로 수십 마리의 사냥개들이 성벽 아래에서 무섭게 짖어 대기 시작했습니다. 이빨을 으르렁대며 짖어 대는 소리에 성벽 위에 있던 코뿔소 전사들이 일어났습니다.

"다들 일어나. 사냥꾼들이 아누이를 찾아냈어. 도대체 뿌야는 어디로 사라진 거야? 우리를 버리고 룩과 떠나 버리다니…."

코뿔소 전사들은 성벽에 모습을 드러내며 무거운 돌들을 사냥개들에게 던졌습니다.

그때였습니다.

"탕! 탕! 탕!"

나무 뒤에 숨어 있던 사냥꾼들이 모습을 드러낸 코뿔소들을 향해 총을 쏘기 시작했습니다. 코뿔소 전사 하나가 앞으로 고꾸라졌습니다.

"아, 이럴 수가. 총탄이 우리의 갑옷을 뚫었어. 예전의 총이 아니야!"

여기저기 피를 흘리며 코뿔소들이 쓰러지기 시작했습니다. 코뿔소 전사들은 무리를 지어 코뿔소를 돌진해 나갔습니다.

"탕! 탕! 탕!"

지휘관이 없는 코뿔소 전사들이 우왕좌왕하는 사이 수없이 많은 전사가 총에 맞아 쓰러지고 있었습니다.

"모두들 피해! 숨어!"

코뿔소 전사들은 성벽 안으로 숨어 모습을 드러내지 않았습니다. 그사이 사냥꾼들은 죽은 코뿔소 전사들의 뿔을 잘라 내며 환호를 지르고 있었습니다. 코뿔소 전사들은 다른 코뿔소들의 뿔이 잘려 나가는 것을 보고 눈물을 훔쳤습니다.

아누이 마을은 발칵 뒤집혔습니다.

코뿔소 전사 뿌야는 나비가 된 룩을 찾아 숲을 헤매고 있었습니다. 숲에 있는 모든 나비가 룩인 것 같기도 했고, 룩이 아닌 것 같기도 했습니다.

절망감이 뿌야를 짓눌렀습니다. 룩이 없는 세상은 상상조차 할 수가 없었습니다. 마법사 룬타를 찾아 하루빨리 룩의 모습을 돌려놓는 방법밖에 없었습니다.

나비들의 도움을 받고 싶었지만, 그동안 자신이 나비를 먹어 왔기 때문에 그 일도 쉬워 보이지 않았습니다.

그때였습니다. 어디선가 호랑나비 한 마리가 뿌야의 뿔 위에 내려앉았습니다.

"안녕, 뿌야. 난 널 기억해."

"안녕, 호랑나비. 넌 날 무서워하지 않는구나."

뿌야의 눈에 눈물이 가득 차올랐습니다.

"혹시 룩이니?"

"아니, 난 룩이 아니야. 하지만 룩이 우리에게 베푼 일은 기억하고 있어. 룩이 가꾼 꽃들 때문에 우리도 아누이 마을로 돌아올 수 있었으니까."

"그러면 혹시 룩이 어디로 갔는지 알 수 있을까?"

"아마도 마법사 룬타가 만들어 놓은 동굴에 갇혀 있을 거야. 룬타는 그곳에 많은 것을 가두어 놓았으니까. 룩은 마법에 걸려 있는 상태니까 그곳으로 날아갔을 거야."

"날 그곳으로 데려다줄 수 있을까?"

"물론이지. 룩이 마법에서 풀려야만 우리도 아누이 마을로 돌아갈 수 있을 테니까. 마법사 룬타가 꽃에게 마법을 걸어서 아누이 마을에 꽃들이 죽어 없어졌으니까."

호랑나비와 함께 코뿔소 전사 뿌야는 길을 떠났습니다.

사냥꾼들의 총성은 쉬지 않고 계속되었습니다. 죽은 코뿔소는 이백 마리가 넘었습니다.

아누이 마을의 동물들은 긴급회의를 열었습니다. 더 이상 이 숲에 남아 있을 수 없다는 결론이 났습니다. 그들은 이 숲속 아누이 마을을 떠나기로 하였습니다.

언제까지 더 깊은 곳으로 숨어들어야 하는지 알 수 없는 두려움에 동물들은 떨었습니다. 그동안 룩이 가꾸어 놓았던 꽃들은 시들었고, 떠난 룩과 뿌야와 사령관을 기다리기만 할 수도 없었습니다.

남은 코뿔소 전사들과 코끼리 린과 물소 등이 힘을 보태어 마을을 지키기로 하였고, 나머지 동물들은 일단 피난을 떠나기로 하였습니다.

룩이 눈을 떠 보니 동굴 안에 있다는 것을 알게 되었습니다. 동굴에는 박쥐가 매달려 룩을 노려보고 있었습니다.

"여기가 도대체 어디야? 내 모습이 변했어. 마법사 룬타의 짓이 분명해!"

"이제 깨어났군. 심심해 죽을 뻔했는데."

"넌 누구야? 여긴 어디지?"

"여긴 마법사 룬타의 동굴이야. 난 룬타의 동생이고."

"네가 룬타의 동생이라고? 그런데 왜 박쥐가 되었어?"

"룩, 네가 코뿔소 룩인 것을 알아. 너는 왜 나비가 되었지?"

"마법사 룬타의 짓이지!"

"맞아. 나도 룬타의 마법에 걸린 거야. 아누이 마을 조상들이 룬타를 초대하지 않고 나를 초대하는 바람에 룬타가 화가 났었지. 룬타는 숲을 지키기 위해 애를 썼는데 너희들이 룬타를 잊는 바람에 룬타가 나를 이렇게 만들어 버린 거야. 그 후로 사냥꾼들에게 협력하게 된 거라고."

"맙소사. 그건 말도 안 되는 소리야. 초대받지 않았다고 해서 우리를 이 지경으로 만들어 놓다니!"

"룩. 마법사 룬타의 마음을 돌려야 해. 그렇지 않으면 우린 평생 이렇게 지내야 한다고! 아누이 사령관도 이곳에 잡혀 있어."

"정말이야? 사령관님도 이곳에 있다고? 여기서 빠져나가야 할 텐데. 아누이 마을이 위험해. 뿌야도…."

뿌야가 호랑나비를 따라 룬타의 동굴에 도착하였습니다.

벼랑 끝에 위치한 동굴에 도달하기 위해 뿌야는 수도 없이 미끄러져 굴러야 했습니다. 온몸이 날카로운 바위 끝에 찢기었지만 뿌야는 아픔을 느낄 수가 없었습니다.

"뿌야, 여기야."

"룩! 룩! 룩!"

뿌야가 소리쳤습니다.

"쉿! 조용히 해. 룬타에게 들키면 안 된다고."

"뿌야, 뿌야! 여기야. 나 여기 있어."

룩이 소리쳤습니다.

뿌야는 동굴에서 룩을 발견했습니다. 하얀 나비가 되어 버린 룩이 뿌야의 코 위에 내려앉았습니다.

"룩! 내가 꼭 네 모습을 원래대로 돌려놓을게. 약속해!"

"뿌야, 여기 있는 박쥐는 룬타의 동생이야. 숲을 지키던 정령이었어. 룬타가 동생을 이렇게 만들어 놓은 거야. 빨리 룬타를 찾아야 해! 아누이 마을이 위험해! 그리고 좋은 소식이 있어. 아누이 사령관이 여기에 갇혀 있어."

뿌야가 갇혀 있던 아누이 사령관에게 달려갔습니다.

"사령관님! 뿌야입니다. 다친 곳은 없습니까?"

아누이 사령관의 뿔은 잘려 나가 있었습니다.

"뿌야, 괜찮다. 뿔이 잘려 나간 것 이외에 나는 괜찮아. 어서 아누이 마을로 가자."

뿌야와 나비가 된 룩, 호랑나비, 박쥐로 변해 버린 룬타의 동생, 그리고 코뿔소 사령관은 급히 아누이 마을을 향해 떠났습니다.

사냥꾼들은 코뿔소 전사들의 뿔을 잘라 트럭에 옮겨 실었습니다. 그들이 자른 코뿔소 전사들의 뿔은 이백 개가 넘었습니다.

아누이 마을의 전사들 대부분이 죽었습니다. 그리고 남은 아누이 코뿔소들과 나머지 동물들은 아누이 마을을 떠났습니다.

"이제 우리는 엄청난 부자가 되었어."

"자, 나에게 약속한 돈을 줄 때가 되었어."

마법사 룬타가 사냥꾼들에게 말했습니다.

"너희들이 값을 지불하면 나는 다른 숲으로 떠날 거야."

"하하하. 룬타, 너에게 줄 돈은 없어! 우린 이제 네가 필요하지 않아. 자, 보라고! 이 많은 뿔을. 그리고 우리의 총을. 코뿔소 전사들의 갑옷 따위는 전부 뚫어 버릴 수 있어. 이 총으로 숲에 있는 모든 코뿔소를 잡을 거야! 숲 따위는 태워 버리면 된다고. 이제 너의 마법 따위는 필요 없다고. 그리고 룬타, 숲의 힘이 사라지면 너도 마법을 쓸 수가 없잖아. 숲은 사라질 거야. 우리가 곧 다 태워 버릴 테니까."

"숲을 다 태워 버리겠다고? 코뿔소 뿔을 이만큼 얻었는데 더 필요하다고? 한마디로 미쳤군. 탐욕이 끝이 없군. 숲이 다 사라지면 결국 너희들도 살아갈 수 없어. 우리가 모두 파멸하게 된다고!"

"룬타, 네가 언제부터 우리에게 훈계하게 되었나. 너는 우리에게 더 이상 필요하지 않아."

사냥꾼들은 룬타를 향해 총을 겨누었습니다. 마법사 룬타는 힘을 다해 마법을 부렸습니다.

그러나 이상한 일이었습니다. 파괴된 숲 한가운데 마법사 룬타의 마법은 듣지를 않았습니다. 마법사 룬타는 그대로 총을 맞고 쓰러졌습니다.

뿌야 일행이 아누이 마을에 도착했을 때, 사냥꾼들은 아누이 마을 동물들의 뒤를 따라가고 있었습니다.

처참하게 파괴된 마을 앞에서 뿌야 일행은 오랫동안 울음을 멈출 수가 없었습니다. 그들은 죽은 코뿔소들을 묻어 주었습니다.

아누이 숲에 피어 있던 아름다운 꽃들은 시들고 뽑혀 있었습니다. 마을은 텅 비어 있었고, 동물들이 어디로 떠났는지 알 수 없었습니다.

그때였습니다. 박쥐가 소리쳤습니다.

"룬타! 여기 룬타가 있어!"

총을 맞은 룬타가 힘겹게 숨을 쉬고 있었습니다.

"룬타! 정신 차려!"

룬타가 가쁜 숨을 몰아쉬었습니다.

"뿌야, 사냥꾼들이 숲을 파멸할 거야. 사냥꾼들의 탐욕은 멈출 수가 없어. 미안해. 나는 숲을 지키는 자리에 있어야 했었어."

"룬타. 아누이 동물들은 어디로 떠났지?"

"나도 알 수가 없어. 하지만 사냥개 뮬라가 찾아낼 수 있을 거야. 뮬라를 부탁해. 뮬라는 내 명령만 따르는 개야. 이제 너희들을 해치지 않도록 해 놓을게."

마법사 룬타의 몸에 힘이 빠지기 시작했습니다. 그리고 눈을 감았습니다.

"룬타, 죽으면 안 된다고! 룬타, 정신 차려!"

룬타가 힘없이 눈을 떴습니다.

"내 마법의 힘이 남아 있었으면 좋겠다. 만약 내 마법의 힘이 통하지 않게 된다면 정말 미안해."

마법사 룬타가 주문을 외웠습니다. 하지만 룩의 모습은 그대로였습니다.

"룬타! 제발 부탁이야. 우리가 너를 초대하지 않은 것은 정말 미안해. 우리는 숲의 정령인 네가 정말 필요했어. 지금도 마찬가지야. 룬타! 우리를 도와줘. 룬타! 제발 우리의 모습을 돌려줘."

마법사 룬타가 다시 주문을 외웠습니다.

"미안해, 룩. 그리고 동생아! 내 힘이 다 빠졌나 봐. 마법이 먹히지 않고 있어."

"제발 룬타. 우리의 모습을 돌려줘."

마법사 룬타가 다시 주문을 외웠습니다. 그리고 숨을 거두었습니다.

"룬타!"

뿌야의 비명이 숲에 메아리쳤습니다.

그때였습니다. 룩의 몸이 회오리치기 시작하더니 본래의 모습으로 돌아왔습니다. 박쥐로 변한 룬타의 동생도 자기 모습으로 돌아왔습니다. 코뿔소 전사 뿌야는 룩을 끌어안았습니다.

사냥개 뮬라는 북쪽으로 향했습니다. 뮬라는 냄새를 맡으며 계속해서 나아갔습니다. 뮬라의 뒤를 뿌야 일행이 따르고 있었습니다.

사냥꾼들이 진을 치고 뿌야 일행을 기다리고 있을 때였습니다. 사냥꾼 하나가 잔기침을 하기 시작했습니다. 그리고 소리쳤습니다. 피부에 이상한 반응이 일어나기 시작한다는 거였습니다.

그것은 검은색과 보라색이 뒤섞여 있는 묘하게 기분 나쁜 발진이었습니다. 비상약을 먹었지만, 사냥꾼의 병은 나아지지 않았습니다. 그들은 마법사 룬타를 죽인 것을 후회했습니다. 마법사 룬타의 약이 필요했습니다.

언제가 마법사 룬타가 뮬라의 상처를 치료했던 기억이 떠올랐습니다. 뮬라에게 있었던 발진과 비슷했던 기억이 떠올랐습니다. 그리고 뮬라 역시 거품을 물며 기침했었으니까요. 그들은 붙

잡아 온 코끼리 린을 고문했습니다. 코끼리 린이 힘겹게 말했습니다.

"뮬라의 피를 먹으면 나을 것 같아. 왜냐하면 거기에 면역력이 생겼을 수도 있잖아."

"알겠어. 뮬라를 잡으면 네가 우리를 치료하도록 해!"

사냥꾼들이 누런 이를 드러내 보이며 웃었습니다.

뮬라는 숲속 바위 벼랑에 다가가며 코를 킁킁거렸습니다. 코뿔소 전사 뿌야와 룩에게도 그 냄새가 나기 시작했습니다. 마법사 룬타의 동생도 아누이 사령관도 그 냄새를 알아차렸습니다.

찐득찐득 퍼지는 비릿한 피 냄새와 썩은 시궁창을 지날 때 나는 냄새가 바람에 섞여 있었습니다. 아누이 사령관이 이마를 찌푸렸습니다.

"이 냄새는 오래전에 있었던 전염병 냄새와 아주 비슷해."

"사령관님, 저도 그 생각을 하고 있었어요. 하지만 설마?"

뿌야가 조심스럽게 아누이 사령관을 쳐다보았습니다.

아주 오래전 전해져 오는 이야기입니다. 숲의 질서와 조화가 무너지면 피비린내가 물에서도 나고 숲에서도 나고 바람에서도 나기 시작하며, 다시 모든 강에서 시궁창 냄새가 날 때 전염병이 돌아 모든 동물에게 시련이 온다는 이야기입니다.

"사냥꾼들에게도 이 전염병이 생길 수 있나요?"

이번에는 뿌야가 아누이 사령관에게 물었습니다.

"뮬라에게 이 전염병이 생긴 적이 있었는데, 사냥꾼에게 전염되기 전에 마법사 룬타가 고친 적이 있어. 그때는 다행히도 숲의 동물들에게도 사냥꾼에게도 전염되지 않았어. 하지만 지금 이 숲이 형편없이 망가져 가고 있기 때문에 위험한 상황이야."

벼랑 위에 자리 잡고 있던 사냥꾼들이 다시 소란스러워졌습니다. 그들 사이에 나타나기 시작한 피부에서 진물이 흐르기 시작했고 악취가 나기 시작했습니다. 그들이 준비해 온 구급약의 어떤 것도 듣지 않았습니다.

잡아 온 코뿔소들도 하나둘 쓰러지기 시작했습니다.

아누이 대장이 기침을 시작했습니다. 그리고 그의 피부에도 작은 반점이 나타나기 시작했습니다. 뿌야가 아누이 대장의 상처를 씻으며 간호를 했지만, 아누이 대장의 상태도 점점 나빠지기 시작했습니다.

그때였습니다. 뮬라가 조심스럽게 아누이 대장에게 다가와 그 상처를 핥기 시작했습니다. 그러자 신기하게 아누이 대장의 상처가 아물기 시작하더니 기침도 멎었습니다.

"바로 이거야!"

뿌야가 소리쳤습니다.

"대장님, 해결할 방법이 생긴 것 같아요."

뿌야는 우물을 찾아 뮬라에게 먹이고 뱉게 하기를 반복했습니다. 그리고 룩은 나비들을 부르기 시작했습니다. 노란 나비, 하얀 나비, 호랑나비… 나비들의 무리가 커다란 타원형을 그리며 룩에게 날아왔습니다. 간혹 뿌야를 보고 도망가는 나비들도 있었지만요. 룩이 나비들에게 말했습니다.

"너희들의 도움이 필요해. 예전에 너희들이 잘못한 일을 꼭 기억해야 해. 너희들의 잘못으로 코뿔소들이 어떤 어려움을 겪었는지 알 거야. 이제 대대로 내려오던 너희들의 잘못을 해결할 기회가 왔어. 이 물들을 너희들의 날개에 적셔 벼랑 위로 날아가렴. 그 물들을 사냥꾼들과 코뿔소의 상처 위에 뿌려 줘."

"룩, 사냥꾼들은 안 돼! 그들은 우리 숲을 파괴하고 우리 동료들을 죽였어. 절대로 용서할 수 없어."

뿌야가 소리쳤습니다.

"아니, 사냥꾼들이 돌아가지 않으면 인간은 계속해서 다른 사냥꾼들을 보낼 거야. 그들이 돌아가 숲을 파괴할 때 어떤 일들이 생기는지 알려야 해. 숲이 있어야 인간들도 우리도 살 수 있다는 것을 알아야 해."

아누이 사령관도 고개를 끄덕였습니다.

뿌야는 화가 났지만 아무 말도 할 수 없었습니다. 룩이 하는 말이 옳다는 것을 알고 있었습니다. 하지만 사냥꾼들을 용서하는 일은 쉽지 않았습니다.

"뿌야! 사냥꾼들을 용서하라는 말이 아니야. 우리 모두를 위하는 길이 무엇인지 생각해 봐. 이제 정말 우리가 힘을 합쳐야 해!"

룩이 다시 나비들을 불렀습니다.

"이제 모든 일은 너희들에게 달렸어."

수많은 나비가 날아올랐습니다. 마치 커다란 소용돌이 같았습니다. 나비들은 날아올라 적신 날개로 코뿔소 숲속의 동물들에게 다가가 앉았습니다. 그러자 신기하게도 코뿔소 군단 전사들 상처가 아물기 시작했습니다.

코뿔소 전사들의 등 뒤로 수많은 나비가 날갯짓하며 날아다니고 있었습니다. 사냥꾼들이 죽어 가며 소리쳤습니다.

"제발, 우리도 살려 줘! 우리도 살려 줘!"

나비가 말했습니다.

"코뿔소 전사 뿌야와 룩이 전한 말을 들려줄게."

"뿌야와 룩이 살아 있대! 야호!"

코뿔소 전사들이 소리쳤습니다.

"너희들이 파괴한 숲이 결국 너희들의 생명을 빼앗아 갈 거야. 너희들의 생명뿐 아니라 우리 모두의 생명을 파괴할 거야. 숲의 균형이 깨어지면 서서히 무너지기 시작하다가 한순간 파멸이야.

다시는 우리의 숲에 들어오지 않는다면 너희들을 살려 줄 수도 있어. 가서 탐욕에 물든 다른 사냥꾼들에게도 전하렴."

사냥꾼들이 희미하게 말하였습니다.

"약속할게. 제발 살려 줘. 이제야 우리도 알 수 있을 거 같아."

나비들 무리가 사냥꾼의 상처에 앉았습니다. 사냥꾼들의 상처가 아물자, 그들은 조용히 숲을 떠나갔습니다.

아누이 사령관과 뿌야 그리고 룩 사냥개 뮬라 그리고 마법사는 아누이 마을 동물들을 다시 만났습니다.

물론 숲을 재건하는 데 아주 오랜 시간이 걸렸습니다.

그리고 몇 해가 흘러서 아누이 마을에 첫 결혼식이 진행되었습니다. 꽃들이 무성히 피었고 벌들은 날아다녔습니다. 나비들은 하늘 가득히 날아올라 꽃가루를 날렸습니다.

아누이 군단 사령관이 된 룩과 부사령관인 뿌야의 결혼식이었습니다. 코끼리 린이 사회를 보았고, 아누이 사령관이 주례를 맡았습니다. 풍성한 꽃이 피어 있는 길을 따라 신랑 신부가 입장했습니다.

사냥꾼들은 아주 아주 멀리서 총을 쏘았습니다. 결혼을 축하하는 축포였습니다. 이제 총소리에 놀라 달아나는 동물들은 하나도 없었습니다.

    사람들이 갈 수 없는 깊디깊은 곳 아마존의 정글 밀림 속보다 더 깊은 곳 아발론과 같은 섬에 살았던 나무들 이야기입니다.
    숲의 정령들이 나무에 스며들어 나무들과 함께 살았습니다. 이 정령들은 나무의 테가 천 개 되면 그들이 원래 있던 곳으로 돌아갈 수 있었습니다. 인간의 셈으로 따지면 일 년에 하나씩 나무의 테가 만들어지니, 나무의 나이가 천 년이 되어야 정령들은 돌아갈 수 있었지요.
    하지만 나무의 정령들은 나무의 테를 그렇게 세지 않았습니다. 그들이 진정한 사랑을 할 수 있는 날, 나무의 테가 완성되었습니다. 그래서 그들은 늘 진정한 사랑에 목말라했습니다.
    숲의 한가운데에는 999개의 나이테를 가진 또요나가 있었습니다. 나무들은 때가 되면 사랑을 찾아 숲을 떠나야 했어요. 그리고 돌아오고 나면 그들의 몸에는 그 사랑에 맞는 나이테가 생겨 있었습니다.

사랑을 막 시작하게 되는 어린 나무들은 또요나를 찾아가 지혜를 구하기 시작하였습니다. 어린 나무들이 항상 "또요?"라고 물었기에 어느새 나무의 이름은 '또요나'가 되었습니다. 어린 나무 중에는 아나, 두나, 세나 그리고 모나가 있었습니다.

또요나에게 이들이 찾아온 것은 새봄이 시작될 무렵이었습니다.

"반갑구나. 이제 너희들도 어느새 사랑에 대해 관심을 가질 나이로 자랐구나."

"또요나, 우리는 진정한 사랑을 할 수 있을까요?"

매사에 진지한 아나가 찌푸리며 말했습니다.

"저는 생각만 해도 신이 나요."

나뭇가지를 통통 튀기며 두나가 말했습니다. 두나의 키는 겨울을 보내고 두 뼘이나 자라 있었습니다.

"저는 이대로도 좋아요. 하지만 나이테를 갖기 위해서는 사랑을 해야겠지요."

매사가 심드렁하고 무심했던 세나도 호기심이 가득한 눈빛을 숨길 수는 없었습니다.

"저는 꼭 진정한 사랑을 해 보고 싶어요. 그래서 언제가 또요나처럼 나이테를 채우고 말 거예요."

모나의 목소리도 설렘으로 가득 차 있었어요.

또요나는 이들을 가만히 쳐다보았어요. 또요나는 이들을 사랑스럽게 바라보며 말을 시작했습니다.

"얘들아, 우선은 사랑할 대상을 찾아야 한다. 그것이 가장 중요해. 아무에게나 마음을 주어서는 안 된다. 꼭 명심해야 한다."

"우리가 찾아낼 수 있나요? 아니면 그들이 우리에게 오나요?"

아나가 긴장된 목소리로 물었습니다.

"너희가 찾아낼 수도 있고, 그들이 너희에게 올 수도 있단다."

또요나가 수수께끼 같은 대답을 했습니다.

또요나를 만나고 돌아가는 아나, 세나, 두나 그리고 모나는 모두 말이 없었습니다. 또요나가 던져 준 숙제를 생각하고 있었지요.

또요나를 만나면 모든 것이 해결될 거라고 생각했지만 사랑할 대상을 찾으라는 첫 번째 숙제부터 어렵기만 했어요. 그래서 이들은 우선 사랑할 대상을 찾아 길을 떠나기로 했어요. 그리고 돌아와서 또요나에게 그들이 만난 사랑에 대해 이야기를 나누기로 했어요.

"어떻게 길을 떠나야 할까?"

"우리 동, 서, 남, 북으로 향할까?"

"그래, 그게 좋을 거 같아."

그래서 아나는 동쪽으로, 세나는 서쪽으로, 두나는 남쪽으로, 모나는 북쪽으로 떠나게 되었습니다.

아나의 사랑

아나는 동쪽으로 길을 떠났습니다.

봄 내음이 들판에 가득히 번지고 있었습니다. 들판의 꽃들이 아나에게 인사를 했습니다. 하지만 사랑의 대상을 찾아야 한다는 생각에 너무 골몰한 나머지 아나에게는 꽃들의 인사도, 새들의 지저귐도 들리지 않았습니다.

계속 길을 가던 아나는 시냇물에 목을 축이고 조금 쉬기로 했습니다. 시냇가에는 커다란 바위가 있었고, 마침 아나가 앉아 쉬기에 안성맞춤이었습니다.

아나는 바위에 앉았습니다. 아직 겨울의 찬 기운을 머금고 있는 시냇물을 마시니 속이 시원해지면서 머릿속도 시원해졌습니다. 그제야 겨우 주변의 풍경이 보이기 시작했습니다. 작은 조약돌 사이를 누비던 물고기도 보였습니다.

"사랑의 대상을 찾을 수 있을까?"

그때였습니다. 숲이 갑자기 시끄러워지기 시작했지요. 어디선가 말을 탄 한 떼의 무리가 시냇물가로 다가왔습니다. 그들은 사람들이었습니다. 사람들이 아나의 주변으로 모여들기 시작했습니다.

"우리가 찾던 바로 그 나무가 맞아요. 왕궁의 정원에 심기에 딱 안성맞춤입니다. 나무의 크기며 모양이며 빛깔이며 정말 아름답습니다."

그들은 아나를 보며 경탄해 마지않았습니다. 아나는 그들이 자신을 바라보는 눈빛이 나쁘지 않았습니다. 그렇게 아나는 사람들이 살고 있는 왕궁으로 떠나게 되었습니다.

왕궁의 정원 한가운데에 아나가 심어졌습니다. 아나는 자신을 마음에 들어 하는 왕과 왕비 그리고 궁궐 사람들에게 둘러싸여 지내게 되었습니다.

봄이 오자 아나의 몸에서 꽃이 피기 시작했습니다. 햇빛이 꽃잎 사이로 찬란하게 비치면 아나로 인하여 궁궐 전체가 환해졌습니다.

밤이 되면 사람들은 아나를 중심으로 하여 파티를 열었습니다. 아나는 파티에 알맞게 더 많은 치장을 하였고 더 아름다운 나무가 되었습니다. 파티가 밤늦게까지 이어져 피곤해졌으나, 아나는 온갖 장식으로 꾸며진 자신의 모습이 마음에 들었습니다.

왕궁 주변의 나무들은 아나를 부러움과 경탄의 시선으로 바라봤습니다. 그들은 아나처럼 되고 싶어 했고, 아나의 위치에 서고 싶어 했습니다.

'아, 나는 드디어 사랑을 받게 되었나 봐. 이것이 진정한 사랑이구나. 사람들과 나무들이 모두 나의 아름다움에 반해 있어. 또 요나를 만나면 아름다움으로 다른 사람의 주목을 받는 사랑이 얼마나 기쁜 일인지 말해 주어야지. 그런데 다른 친구들은 어떻게 지내고 있을까?'

아나의 궁금증은 잠시 후 음악 소리와 사람들의 소리에 묻혀 버렸습니다.

여름이 되자, 아나의 몸은 푸른빛으로 변하였습니다. 빗방울을 머금고 있는 나뭇잎의 모습을 찍기 위하여 사진작가들이 모여들었습니다. 아나를 배경으로 수많은 관광객들이 찾아왔습니다. 아나는 이제 어떤 포즈를 취하면 자신의 모습이 가장 아름다운지 알게 되었습니다.

가을이 되자, 아나는 자신의 몸에 그토록 다양한 색채가 있다는 것을 다시 알게 되었습니다. 아나는 스스로의 아름다움에 취해 있었고 아름다움을 보여 주려고 노력했습니다. 그리고 아나의 주변의 사람들과 나무들은 아나의 아름다움을 사랑했습니다.

또요나가 말한 진정한 사랑의 기쁨은 이런 것일까요? 그러나 이상하게도 아나의 몸속에 나이테가 새겨지는 기미는 보이지 않았습니다. 시간이 흐르자 아나는 더 이상 또요나도, 다른 친구들도, 떠나온 숲도 생각나지 않았습니다.

가을이 끝나 갈 무렵, 아나의 몸에서 나뭇잎이 하나둘 떨어지기 시작했습니다.

뺨에 와 닿는 바람이 선연한 저녁이었지요. 그날 밤은 이상하게 파티도 없고 왕궁의 사람들도 추위를 피해 따뜻한 곳으로 휴양을 떠난 밤이었어요. 고요한 적막이 아나의 주위에 흐르고 있었습니다.

사람들이 조용해지자, 그제야 나무들이 나누는 소리가 아나의 귓가에 들리기 시작했습니다.

"아, 나는 언제쯤 저 나무가 될 수 있을까?"

"아, 나는 언제쯤 저렇게 사랑받을 수 있을까?"

아나는 그 나무들의 소리를 듣고 자신도 모르게 고개를 더 꼿

꽂하게 들었습니다.

 선선했던 바람이 한밤중이 되어서 더 심하게 불기 시작했습니다. 아나의 몸에 붙어 있던 아름다운 나뭇잎들이 우수수 떨어지기 시작했습니다. 아나는 당황했습니다.

 '어쩌면 좋아. 나의 아름다운 잎이 다 떨어지면 사람들이 안 좋아할 텐데.'

 갑자기 아나에게 두려움이 밀려왔습니다. 나뭇잎을 떨어뜨리지 않기 위하여 최대한 웅크려 보고 바람을 피하려 노력했습니다.

 '모두 나의 아름다움을 사랑했는데 이제 어떻게 하면 좋아.'

 그 밤은 길고 긴 밤이었습니다. 아나는 자신의 아름다움을 잃을까 두려움에 눌리고 눌려 있었습니다.

 그리고 아나는 주변에 있는 어떤 나무들에게도 자신의 이야기를 건넬 수가 없었습니다. 왜냐하면 주변의 나무들에게 아나는 찬탄의 대상이었기에 아나는 흔들리는 자신의 모습을 보여 줄 수가 없었던 것이지요.

 아나는 갑자기 떠나온 숲과 또요나가 보고 싶어졌습니다.

 '모두가 나를 사랑하는데, 나의 아름다움을 노래하고 시를 쓰고 나를 찍기 위해 줄을 서 있는데, 왜 나는 두려운 건가요? 또요나, 나는 두려워요. 무서워요.'

그날 밤 아나가 두려움에 부르르 떨 때마다 아나를 감싸고 있던 아름답던 나뭇잎도 우수수 떨어졌습니다.

아침에 눈을 뜨고 햇빛이 아나를 비추자, 그때 처음 알았습니다. 그동안의 햇빛은 부드럽다고 생각했는데 햇빛은 부드러운 것이 아니었습니다. 햇빛은 아나의 온몸을 구석구석 찔렀고, 보여 주고 싶지 않은 곳까지 들추어내는 것만 같았습니다.

아나는 사람들이 오기 전 어서 이 궁전을 떠나기로 했습니다. 아나가 달리기 시작하자, 나뭇잎이 바람결에 떨어졌습니다. 바람결에 날리는 꽃잎 같기도 하고 아나가 흘리는 눈물 같기도 했습니다.

떠나는 아나를 바라보며 왕궁의 나무들은 또다시 찬탄했습니다. 아무도 아나의 우는 모습을 기억하는 이는 없었습니다.

아나가 다시 숲에 돌아왔을 때, 아나는 자신의 모습을 볼 수 있었습니다. 아나를 치장하던 것은 아무것도 없었습니다. 달리다 넘어져 가지가 몇 가운데 부러져 있었고 생채기도 나 있었습니다. 나뭇잎은 다 떨어지고 몇 개만 남아 있었습니다.

그렇지만 또요나가 있는 숲에서 그런 아나를 이상하게 보는 나무는 아무도 없었습니다.

아나가 또요나를 다시 만났을 때, 그동안 참고 참았던 눈물이

터져 나왔습니다. 왕궁의 정원에 있었을 때 아나는 행복하고 찬란하고 아름답고 완벽하다고 생각했습니다. 그런데 그 모든 날들이 한순간 꿈처럼 날아간 것 같았습니다. 아나는 한참을 울었습니다.

또요나는 아나가 울음을 그칠 때까지 아무 말도 하지 않았고, 아나는 또요나에게 기대었습니다.

"또요나, 그들은 나를 사랑했어요. 내 아름다움을 사랑했어요. 그런데 나는 왜 두려웠는지 모르겠어요. 옛날에는 바람이 불면 나뭇가지를 활짝 펴 들고 온몸을 간지럽히게 했어요. 바람이 들려주는 이야기에 귀를 기울였어요. 세찬 바람도 좋았어요. 바람이 지나간 다음 비가 쏟아졌어요. 나는 알아요. 비가 쏟아진 다음 나는 또 자라 있었으니까요. 그런데 왕궁의 정원으로 간 이후에 나는 바람이 무서워졌어요. 바람이 조금만 불어도 내 아름다운 장식들이 떨어져 나가는 것만 같았어요."

"아나, 네 아름다움만 보고 그것이 전부라고 생각하는 자들 사이에서는 절대 너는 자유로워질 수가 없단다. 그들은 너를 제대로 본 것이 아니야. 너는 시선에 갇힌 거였어."

"또요나, 내가 한 것은 사랑인가요?"

"네 마음을 아무에게나 주어서는 안 된다고 했던 말을 기억하니?"

"네, 기억하고 있어요. 나는 나무테를 가질 수 있나요?"

"나무테는 가지는 것이 아니란다. 함께 바람을 맞을 수 있는 대상을 찾고 사랑하게 된다면 나무테는 선물처럼 너에게 올 것이다."

"함께 바람을 맞을 수 있는 대상…."

아나가 천천히 또요나를 따라 말을 했습니다.

"바람이 아무리 불어도 두렵지 않을 것이다. 나뭇잎이 아니라 가지가 몇 개가 부러진다고 해도 두렵지 않을 것이다. 그 대상을 만나게 되면, 네 안에서 불어오는 두려움의 소리가 커지는 것이 아니라 두려움의 소리를 잠재우게 될 거야."

세나의 사랑

서쪽으로 떠난 세나는 길을 좀 걷다가 귀찮아졌습니다. 처음에는 사랑에 관심이 갔지만 평상시의 습관대로 모든 것에 세나는 무심해졌습니다.

세나는 또요나숲에서 멀리 가지 않고 그 숲 주변을 맴돌기만 했습니다. 세나는 또요나숲에 있는 것이 좋았습니다. 또요나숲에는 가족들이 있었고 친구들이 있었습니다. 물론 아나, 두나,

모나와 잠시 떨어져 있어야 했지만 언제나 그들과 함께 있었던 시간이 좋았습니다.

진정한 사랑에 대해 또요나숲의 친구들이 열광하고 꿈꾸고 호기심을 나타낼 때도 세나는 사실 무심했습니다. 하지만 다른 친구들이 모두 나이테를 가질 때 자신만이 없다는 상상은 끔찍했습니다.

그리고 세나는 이러한 자신에게도 사랑이 찾아올까 걱정과 함께, 사랑이 찾아온 후에 다시 만나게 될 친구들 앞에서 무엇인가 이야기를 들려주어야 한다는 강박증을 느끼며 숲 근처를 계속 맴돌고만 있었습니다.

세나가 또요나숲 서쪽 한 모퉁이에 자리를 잡고 봄을 다 보내고 있을 무렵이었습니다. 비가 온 후 무지개가 또요나 숲을 두르고 있었고, 숲의 나뭇잎들은 물방울 매달았습니다.

바람이 간지럽히자 나무들은 웃음을 참지 못했고, 웃을 때마다 물방울이 튕겨져 나갔습니다. 세나는 자신도 모르게 미소가 나왔습니다.

"왜 웃는 거야?"

세나가 소리 나는 쪽을 돌아보자, 거기에 독수리 한 마리가 세나의 가지에 앉아 있었습니다. 독수리는 강하면서 우아하게 깃을 털며 다시 물었습니다.

"나에게 관심이 있니?"

독수리의 말에 문득 세나는 자신이 그럴지도 모른다는 생각이 들었습니다.

"나는 세나라고 해."

"나무들은 나를 좋아하지."

조금은 단정적인 목소리로 독수리가 말했습니다. 세나는 독수리가 어쩌면 사랑할 대상이라고 생각했습니다. 세나는 하루빨리 나이테를 얻어 친구들을 만나고 싶었습니다.

독수리는 세나의 나뭇가지에 앉아 자신의 사냥 이야기를 들려주었습니다. 독수리는 사냥을 할 때가 제일 재미있다고 했습니다. 세나는 독수리의 이야기를 듣고 또 들어 주었습니다.

독수리는 이야기가 끝나면 다시 사냥을 나갔습니다. 세나는 독수리가 무사히 사냥을 끝내고 돌아오기를 기다리고 기다렸습니다.

가끔 독수리는 사냥할 때의 먹잇감을 세나에게 가지고 오곤 했습니다. 세나는 싫었지만 내색을 할 수가 없었지요. 어떤 날은 뱀을 잡아다 세나의 가지에 걸어 두기도 했습니다. 그런 날 세나는 징그러움과 두려움에 하루 종일 떨어야만 했습니다.

세나는 독수리가 돌아오면 자신이 무엇을 좋아하는지 들려주려고 했습니다. 또요나와 그의 친구들에 대해서도 나이테를 얻는 일이 얼마나 소중한 일인지 들려주고 싶었습니다.

하지만 독수리는 세나에게 한 번도 질문한 적이 없었습니다. 독수리는 사냥을 다녀오면 자신이 사냥을 다녀온 이야기를 하다가 피곤하면 잠이 들곤 했습니다.

독수리는 돌아오는 시간이 언제나 달랐습니다. 그가 언제 올 줄 몰랐기에 세나는 하루 종일 독수리가 날아간 쪽을 바라보며 시간을 보내야만 했습니다.

그리고 언제부터인가 세나가 꾸벅꾸벅 졸며 독수리를 반기지 않으면, 독수리는 불같이 화를 내었습니다. 그리고 날카로운 부리로 세나를 쪼기 시작했습니다. 어떤 날은 발톱으로 세나의 가지를 부러뜨리기도 했습니다.

이제 세나는 깨어 있지도 않고 잠을 자는 상태도 아닌 날들을 보내야만 했습니다.

그 무렵부터입니다. 세나는 자신의 뿌리에 문제가 생기고 있다는 것을 알기 시작했습니다. 뿌리가 땅에서부터 들뜨기 시작한 것입니다. 뿌리에 문제가 생기자 세나의 잎들이 누렇게 말라 가기 시작했습니다.

독수리는 그날도 기다란 뱀을 한 마리 세나의 가지 위에 걸어 놓고 세나를 바라보았습니다. 그리고 그가 처음 질문을 했습니다.

"나뭇잎이 이상해졌네. 왜 그런 거야?"

"나의 뿌리에 문제가 생겼어."

"뿌리에 문제가 생겼다면 곧 말라 죽을 수도 있을 텐데. 그러면 내가 와도 그늘을 만들어 줄 수 없겠구나. 나는 떠날 거야. 그리고 마지막으로 한 가지 말할 게 있어. 나를 기다리지 마. 너에게 돌아오지 않을 거야."

독수리는 그 말을 하고는 날아가 버렸습니다.

세나는 독수리가 날아간 하늘을 오랫동안 쳐다보았습니다. 그리고 온몸을 흔들어 자신의 가지에 걸려 있던 뱀을 털어 버렸습니다.

독수리 생각은 더 이상 나지 않았습니다. 문득 또요나와 친구들이 생각났습니다. 그토록 가까운 거리에 있었는데 그동안 독수리만 생각하느라 그들을 잊고 있다는 것이 이상했습니다.

세나가 또요나를 다시 만난 것은 그날 해가 다 저물어 갈 무렵이었습니다.

"또요나, 제가 왔어요."

"나뭇잎이 누렇게 변했구나."

"나의 뿌리에 문제가 생겼어요."

"숲에서 네가 서 있는 곳을 볼 수가 있었단다. 너는 다른 곳을 바라보느라 나를 보지 못했겠지만."

"독수리를 만나 그를 사랑했어요."

"세나, 네 몸에 나이테가 만들어졌니?"

"아뇨. 나이테 대신 내 뿌리가 흔들리고 있어요."

"그럼 그것은 사랑이 아니었구나."

"나는 늘 독수리를 사랑하고 독수리만 생각했어요."

"너 자신을 잃어버리면 안 된단다. 우리가 사랑에 빠지면 자신을 잃어버리기 쉽지. 상대방이 그것을 이용하게 되면 더욱 위험해지고."

"뿌리가 자꾸 흔들려요."

"진정한 사랑은 네 뿌리를 흔들지 않는단다. 오히려 네 뿌리가 땅에 깊이 뿌리내리도록 도와주지. 다시 길을 떠날 날이 오겠지. 지금은 가서 쉬어라."

두나의 사랑

두나는 남쪽으로 향했습니다.

두나는 꽤 오랫동안 길을 걸어갔습니다. 산을 몇 개를 넘었지만 두나는 사랑할 대상을 찾지 못했습니다. 어쩌면 이번 여행에서는 나이테를 얻기는 힘들 것 같다고 생각했습니다. 어른들은 어떻게 그렇게 많은 나이테를 갖게 되었는지 신기한 일이었습니다.

골똘히 생각하는 사이, 두나가 그만 무엇인가에 걸려 넘어졌습니다. 일어나 보니 아주 작은 새싹이었습니다. 새싹은 이제 막 땅에서 꿈틀대며 기지개를 켜고 있었습니다. 기지개 켜는 바람에 두나가 걸려 넘어진 것이었어요.

"아, 눈이 부셔. 땅속에서 나오니 햇빛이 너무 눈이 부시네."

두나는 자신도 모르게 어린 새싹 옆에 서서 햇빛을 가려 주었습니다.

"시원해졌네. 아, 고마워요."

두나는 어린 새싹을 보자, 자신도 모르게 미소가 번져 나왔습니다.

새싹이 풍기는 향기도 좋았습니다. 왠지 모르게 기분 좋은 냄새였습니다. 새싹을 보호해 주고 싶은 마음이 샘솟기 시작했습니다.

"너는 어떻게 여기에 있어? 너를 보호해 주는 어른은 없어?"

"아주 오래전부터 땅속에 있다가 어젯밤 비를 맞고 온 몸이 간질간질 해 졌어요. 그리고 머리를 내밀어 보니 땅밖으로 나왔어요."

"그럼 오늘이 네 생일이구나."

두나는 땅속에서 나온 새싹이 너무나 예뻤어요. 그날부터 두나는 새싹 옆에서 새싹을 키우기 시작했습니다.

햇빛이 강한 날은 그늘을 만들어 주었어요. 바람이 강한 날은 바람을 막아 주었습니다. 너무 더운 날은 가지를 흔들어 바람을 일으켜 주기도 했어요. 비가 많이 오는 날은 비를 대신 맞아 주었어요. 가뭄이 계속되면 자신의 뿌리에 저장해 둔 물을 새싹에게 보내 주었습니다.

새싹은 무럭무럭 자라나기 시작했어요. 그리고 어느 사이 어린 나무가 되었지요. 어린 나무를 지켜보는 일은 행복했어요. 보람도 있었어요.

이것이 사랑이라고 생각하며 두나는 어린 나무에게 필요한 무엇인가를 모두 해 주기로 마음먹었어요.

그런데 어느 날부터인가 둘이 붙어 있는 것이 조금씩 불편해지기 시작했어요. 어린 나무가 기지개를 켜자, 가지가 두나에게 부딪혔어요.

"아, 답답해. 두나, 조금만 비켜 봐요."

두나는 몸을 움직였어요.

"아니, 더 떨어져 있어 줘요."

두나가 떨어지자 어린 나무가 기지개를 활짝 폈어요.

두나는 그런 어린 나무가 자랑스럽기도 하고 한편으론 왠지 서운하기도 했어요.

그날 밤이 지나고 다음 날이 되자, 어린 나무는 몰라보게 자라기 시작했어요.

"두나, 답답해요. 더 떨어져 있어줘요."

두나는 다시 옆으로 멀리 떨어져서 어린 나무를 지켜보았어요.

어느새 어린 나무는 두나의 어깨만큼 자랐다가 곧 두나보다 더 커졌지요.

어린 나무는 이제 두나의 관심을 원하지 않았어요. 대신 지나가는 바람이 전해 주는 이야기와 독수리의 사냥 이야기와 비가 전해 주는 하늘의 이야기에 더 관심을 갖게 되었지요.

두나는 어린 나무를 오랫동안 바라보았지만, 어린 나무는 더 이상 두나를 바라보지 않았어요.

문득 두나는 이 어린 나무가 자신을 더 이상 필요로 하지 않는

다는 것을 알게 되었답니다. 그것은 서운하기도 했지만 한편으론 안심이 되기도 했어요. 이제 자신이 없어도 어린 나무는 잘 살아갈 수 있을 테니까요.

두나는 잠든 어린 나무를 위해 기도를 했어요.

다음 날 두나는 다시 또요나숲을 향해 걸어갔습니다.

떠날 때보다 자신이 변했다는 것을 느꼈습니다. 어린 나무를 생각하면 뿌듯했어요.

처음엔 나이테를 얻기 위해 시작한 일이었지만 이제 나이테에 별 관심이 없었습니다.

또요나를 만나자 두나는 문득 또요나의 마음을 읽을 수 있을 것 같았어요.

"또요나, 당신의 마음을 이제 조금 알 것 같아요. 당신이 또요나숲에 있는 어린 나무들을 어떻게 키웠는지 알 것 같아요. 우리를 키우면서 나이테를 얻게 되었군요."

"두나야, 내 몸의 나이테 중 일부는 그렇게도 만들어졌단다."

"또요나, 나는 이상하게 나이테에 관심이 없어졌어요. 그냥 내가 키운 어린 나무가 행복하면 그것으로 만족해요. 여기 서서 그 어린 나무가 커 가는 것을 멀리서 지켜보는 일도 좋을 거 같아요."

두나는 또요나에게 조금 떨어져서 두고 온 어린 나무를 지켜보았습니다.

"두나야, 그렇게 하려무나. 하지만 네가 사랑을 찾아 또 떠나야 할 때가 되면 언제든 길을 떠나려무나."

모나의 사랑

북쪽으로 떠난 모나는 또요나숲이 보이지 않을 정도로 고개를 넘고 또 넘었습니다.

길을 가는 동안 종달새들의 노래를 같이 따라 부르기도 했으며, 시냇물에 목을 축일 때는 시냇물에게 인사하는 것도 잊지 않았습니다. 숲속의 꽃들도 모나에게 인사했습니다. 숲속의 꽃들은 또요나숲의 어린 나무들이 사랑을 찾아 떠날 때마다 이곳에서 배웅을 해 주었습니다.

모나가 도착한 곳은 아주 조용한 마을이었습니다. 그 마을은 이상하게 조용하기만 했습니다. 마을의 중앙에는 커다란 광장이 있었고 제일 큰 왕궁이 있었는데, 성안은 담으로 둘러싸여 안을 들여다볼 수가 없었습니다. 그리고 그 주변은 보초를 서는 병사들이 둘러싸고 있었지요.

마을 안에 사람들이 다니기는 하였지만, 대부분 무표정하거나 근심 어린 얼굴빛이었습니다.

모나가 지나가는 작은 꼬마에게 물었습니다.

"이곳 사람들은 왜 이렇게 조용해?"

"음, 성안에 있는 공주님이 시끄러운 것을 싫어해요."

"저 성안에는 공주님이 살고 있니?"

"네. 하지만 언제부터인지 얼굴을 보지 못한 지가 한참이나 되었어요. 예전에는 성안의 문도 활짝 열려 있었는데, 지금은 닫혀 있어서 아무도 근처에 갈 수가 없어요."

모나는 갑자기 성안에 있는 공주님이 궁금해졌습니다. 모나는 왕궁 담장 옆에 자리를 잡았습니다.

왕궁 안은 아주 조용했습니다. 맨 꼭대기 방에 공주님이 살고 있다고 했는데, 유리창에는 두꺼운 커튼이 쳐져 있어서 아무 것도 볼 수가 없었습니다.

공주님은 이날 침대에 앉아 두껍게 커튼이 드리워진 창문을 보고 있었습니다.

하루에도 수십 번 저 창문 밖을 열어 보고 싶다는 생각을 했습니다. 언제부터인지 담을 쌓았는지 그녀는 잘 생각이 나지 않았습니다.

처음에는 사람들로부터 마음을 지키고 싶었습니다. 사람들은 그녀가 허락하지 않았는데도 그녀의 마음의 경계선을 지키지 않고 넘어와 버렸습니다. 그녀가 아무 준비도 되지 않았는데 그녀 마음의 꽃밭에 넘어와 그녀의 꽃을 마구 꺾어 갔습니다.

그런 날 공주님은 너무나 화가 나서 울었습니다. 그리고 다짐했습니다.

'마음의 담을 조금씩 쌓아 가리라.'

그러면 사람들이 이 담을 넘어오지 않을 테니까요.

그렇게 사람들에게 마음의 담을 쌓기 시작하자 편해졌습니다. 사람들에게 웃고는 있었지만 마음은 주지 않았기 때문에 마음 상할 일도 없어졌지요.

신기한 것은 공주님이 마음의 담을 쌓기 시작하자, 성안의 담장들도 자꾸만 높아지기 시작했다는 거예요.

공주님은 혼자 있는 것이 점점 편해지기 시작했습니다. 공주님은 높아지기 시작한 성안에서 혼자 책을 읽고 혼자 사색에 잠기고 혼자 놀기 시작했어요.

왕궁 안에 있던 많은 모임들은 점점 줄어들기 시작했고, 그녀가 사람들을 피하기 시작한다는 소문이 마을 안에 돌기 시작했습니다. 시끄러운 것을 싫어하자, 마을 사람들은 그녀를 피해 마을에서 멀리 떨어진 곳에서 파티를 열거나 모임을 가졌어요.

공주님은 문득 외로움이 밀려오기 시작했답니다. 이제 아무도 그녀에게 관심을 가져 주지 않았습니다. 점점 그녀가 있다는 것도 잊어버린 듯했어요.

사람들은 굳게 닫힌 그녀의 방문을 지나가며 소곤거리기 시작했습니다.

"이제 방 안에서 냄새가 나기 시작해. 창문을 열어 맑은 공기를 쏘아야 하는데 저렇게 굳게 닫혀 있으니 냄새가 나는 건 당연하지."

공주님은 한참을 울었습니다. 누군가 나를 꺼내 주었으면 좋겠다고 생각했지만, 소리 내어 도움을 요청할 수가 없었습니다. 왜냐하면 처음 시작은 공주님이 스스로 마음의 담을 쌓기 시작했기 때문이었으니까요.

공주님은 몇 날 며칠을 울었지만, 아무도 그녀의 마음을 알아채지 못했어요. 다들 더 조용히 조심하고 그녀 근처에 오려고 하지 않았습니다.

그때였어요. 두꺼운 창문 밖에서 무엇인가 톡톡 치는 소리가 났습니다. 처음에는 조금 무서웠지만 궁금해졌지요.

창문에 서 있던 공주님은 아주 조심스럽게 커튼을 열어 보았습니다.

모나는 까치발을 들어 창문을 들여다보고 있었지요. 둘은 눈이 마주쳤습니다.

"나뭇가지였구나. 언제부터 여기에 나무가 서 있었지?"

"안녕? 나는 모나라구 해."

공주님은 한참 동안 모나를 들여다보았습니다. 나무가 가려 주고 있다면 커튼을 다시 열 수 있겠다는 생각이 들었습니다.

그녀는 조심스레 커튼을 열었습니다. 그러자 눈부신 햇살이 그녀의 방에 비추기 시작했습니다. 햇살이 비추자 거울에 그녀의 얼굴이 보였습니다. 창백하다 못해 이제 푸른빛까지 도는 공주의 얼굴이었습니다.

다음 날, 모나는 다시 창문을 톡톡 쳤습니다. 모나는 이 가엾은 공주님을 위해 가지에 꽃을 피워 건네 보았습니다. 잠에서 깨어난 공주님은 조심스레 창문 앞으로 걸어 나왔습니다. 그리고 모나가 건네는 꽃을 보았습니다.

누군가가 그녀에게 꽃을 보낸 것이 얼마 만일까요. 공주님은 창문을 조금 열었습니다. 향긋한 꽃향기가 코끝을 스치고 바람이 싱그럽게 그녀의 얼굴을 간지럽혔습니다.

공주님은 모네가 건넨 꽃을 들여다보고 한참을 울었습니다.

"난 그동안 너무 외로웠어. 담을 쌓으면 마음이 편할 줄 알았는데, 그게 아니었어."

모네는 다음 날도 꽃을 건넸어요.

어떤 날은 모네는 나뭇잎에 자신이 좋아하는 시를 적어 날려 보내기도 했어요. 빗방울을 털어서 공주님 얼굴에 뿌리기도 했어요.

그러자 공주님의 창문이 활짝 열렸습니다. 그리고 공주님은 용기 내어 성안을 나와 모네에게 다가왔어요. 그녀는 모네의 튼튼한 나뭇가지에 그네를 걸었어요.

마을의 아이들은 공주님과 함께 그네를 탔습니다. 공주님이 다시 성안에서 나오자, 담장 안의 수많은 벽돌들도 사라지기 시작했고 마을 안에는 웃음이 사라지지 않았지요.

모네는 하루하루가 행복했습니다. 그리고 문득 이제 다시 길을 떠나야 한다고 생각했습니다.

"공주님, 저는 이제 이 마을을 떠나야 할 것 같아요."

"모네, 가지 마. 난 너로 인하여 다시 마음을 열었어."

"공주님, 생각해 보니 세상에는 공주님처럼 마음의 문을 닫고 자신만의 성안에 갇힌 외로운 사람들이 많아요. 저는 그들에게 가서 다시 꽃을 건네주고 싶어요."

"모네, 네 생각이 그렇다면 나는 붙잡지 않을 거야. 너는 많은 사람들의 마음을 열어 줄 수 있을 거야."

모네는 공주님과 헤어져서 다시 길을 떠났습니다.

또요나는 모네의 소식을 들었습니다. 또요나는 모네가 자신의 길을 찾아 긴 여정을 시작했음을 알았습니다.

아나, 두나, 세나가 또요나에게 왔습니다. 또요나는 그들을 안아 주었습니다.

또요나가 그들을 안아 주자 아나와 두나와 세나는 또요나의 몸에도 자신들과 같은 상처가 있음을 알았습니다. 그 상처들은 굳어져서 두꺼운 나무껍질 속에 묻혀 있었지만 아나, 두나, 세나는 그것을 느낄 수 있었습니다.

또요나는 돌아온 아나, 두나, 세나가 다시 길을 떠날 채비를 마음속에서 하고 있음을 눈치채고 있었습니다.

"자, 이제 떠날 시간이다."

또요나가 부드러운 미소를 지었습니다.

새봄이 올 무렵 또요나숲의 아나, 두나, 세나는 다시 사랑을 찾아 길을 떠났습니다.